JN410079

심오한 사색(思索)
풍요한 수확(收穫)

김재귀 수필집

교음사

책머리에

다섯 번째 수필집을 발행하며

수필은 체험의 문학이라 했다. 자기 체험의 진솔한 고백이 그 요체이며, 다른 문학 장르와 구별되는 수필만의 장점이며 특징이다. 수필 소재가 되는 직간접 체험은 자기만의 진귀하고 값진 체험이며, 작가의 깊은 심중에서 우러난 글을 창작하므로 수필의 진가를 발휘하기 위하여 최선의 노력을 다했다.

인생의 전반기는 교사로서 청소년 교육사업에 최선을 다했다. 후반기 삶의 문인 생활를 하게 된 동기는 대학원 동창생인 신길우 교수의 수필동인지 『조운(朝雲)』을 20여 년간 보내주며 문인 생활에 동참하자는 권고에 따라서 당시 월간 『수필문학』 발행인인 강석호 선생님이 지도하는 '목요수필 문학창작반'에서 2년간 수강 후 2회를 거쳐 천료로 등단했다.

지난 20년간 여러 문인협회에서 활동하며 몇 권의 수필집을 발간했다. 문학상도 몇 번 수상하고 보니 문인 생활의 삼 단계를 생각했다. 곧 등단에 이어 수필집 발간, 문학상 수상까지 받으면 그 잠재력과 저력으로 지속적인 문인 생활을 할 수 있다고 격려해 주었다.

문학 작가에 대한 명언이 생각난다.

18세기 프랑스의 자연과학자인 뷔퐁은 '글은 곧 사람'이라 했고 중국의 문장가 구양수는 '삼대범' 즉 다독, 다작, 다상량(생각)을 강조했다. '문인은 작품으로 말한다'고도 했다. 언어와 문자는 힘이며, 글쓰기(창작)는 생활의 경쟁력이라 강조했다.

다섯 번째 수필집을 발행하기까지 정성을 다해준 수필문학사 강병욱 대표님, 최선을 다하여 편집해 주신 류진 편집장님, 재림문인협회 이현숙 님께 감사의 마음을 전합니다. 선후배 문우님들 찬사에 감사합니다.

사랑하는 가족, 친지들의 격려와 협조에 감사합니다.

2022년 10월 아름다운 단풍 계절에

저자 尙村 金在貴

차례

3. 독립기념관에서 만난 투사들

4. 히말라야와 약속 지킨 엄 대장

5. 위대한 힘 아버지의 서재

1

한글 세계문자올림픽서 금메달

일생 두 번 생명을 구하다

영국 스코틀랜드의 에어 록필드 지방에 플레밍이라는 가난한 농부가 살고 있었다. 어느 봄날 그가 농장 밭에서 일을 하고 있었는데 갑자기 옆 늪 웅덩이에서 사람 비명소리가 들려왔다. 급히 달려가 보았더니 어떤 소년이 늪에 빠져 살려 달라고 허우적거리고 있었다. 그는 자기 아들과 함께 가서 죽기 직전의 소년을 겨우 살려 돌려보냈다. 그 다음 날 으리으리한 마차를 탄 귀족이 자기 집으로 찾아왔다. 그는 농부가 구해 준 소년이 자기 아들이라고 소개하면서 생명을 구해 준 것에 대한 보답으로 사례를 하겠다고 말했다.

그러나 농부가 끝까지 극구 사양하자 그 귀족은 당일 자기 집 헛간에서 그 광경을 바라보고 있던 농부의 아들을 발견하고 한 가지 특별 제안을 했다. 귀족은 당신의 아들을 구해 준 자기 아들과 같은 수준으로 최고 고등 교육을 받도록 하여 주겠다는 것이다. 농부는 너무나 과다한 보답에 어찌할 줄 모르고 감사하고 고맙다는 인사를 했을 뿐이다.

그 귀족의 제안대로 록필드 지방 가난한 농부 풀레밍의 아들은 당대 최고 명문 런던 국립대학교의 세인트 메리 병원 의과대학에서 의학 교육을 받게 되었다.

30년 후 2차 세계대전이 발발하여 영국이 위기에 몰리게 되었다. 당시 영국 수상인 윈스턴 처질경은 폐렴으로 건강이 악화되어 겹치는 위기를 맞게 되었다. 농부의 아들은 귀족집 아버지의 약속대로 명문 의과대학을 우수한 성적으로 졸업하여 의사요 과학자가 되었다. 영국 왕실에서는 귀족의 직위를 부여하였다.

1928년에 폐렴 치료약인 백신 '페니실린'을 발명하였다. 당시 위기에 처한 영국 수상 윈스턴 처질경의 병을 치유해 건강이 회복되어 당시 영국을 위기에서 승리로 이끌게 되었다. 바로 그가 유명한 알렉산더 플레밍(Alexsander Fleming) 의사요, 과학자였다. 기념우표까지 발행했다.

그런데 우연하게도 농부가 구해 준 귀족의 아들이 장성하여 폐렴병으로 고생하게 되었다. 그 시대 명약인 페니실린이 발명하지 않았다면 살아남지 못했을 것이다. 그 귀족이 바로 랜돌프 처칠경이었으며 깊은 늪에 빠졌던 소년은 제2차 세계대전 당시 영국을 위기에서 구해 낸 수상 윈스턴 처칠경이였다.

"곡선 속에 숨어 있는 직선을 잡아라"라는 명언을 생각해보자.

그날 소년 처칠이 늪에 빠지기 않았다면, 농부 플레밍이 그 소년을 살리지 않았다면, 소년 플레밍이 귀족의 도움으로 고등교육을 받지 못했다면, 알렉산더 플레밍이 페니실린을 발명하지 않았다면 도대체 2차 세계대전 중 수많은 영국 병사들은 어떻게 되었을까? 이런 무수한 실수나 우연을 통한 창조성을, 영어로 세렌디피티(Serendipity)의 얽히고설킨 신비한 곡선 속에서 얼마나 많은 사람들이 웃고 웃었을까?

그 후 윈스턴 처질경은 그의 회고록(노벨문학 수상 작품)에서 '일생한 가족이 두 번씩이나 똑같은 생명을 구한 것은 세상에서 지극히 드문 일'이라고 회고하며 베푼 은혜를 잊지 않고 큰 보답을 하겠다고 결심했다. 당시 영국을 어려운 위기에서 명연설문 '피(생명), 땀(노력), 눈물(사랑)' 세 가지를 강력히 호소하여 국민의 호응으로 위기를 극복할 수 있는 힘으로 영국 국민과 위대한 지도자는 승리의 개가를 힘차게 불렀을 것을 생각하니 벅찬 감동이 솟구쳤다.

『재림문학』 제26호(2023)

넬슨 만델라의 용서와 화해

남아프리카 공화국의 위대한 영혼 넬슨 만델라(1918-2013) 전 대통령이 타계한 지 수년이 지났다. 그는 남아공만이 아니라 전 세계 인류의 정신적 지주였다. 가혹한 흑백 인종차별 국가에서 태어나 차별 정책 폐지를 추진하다가 27년간이나 감옥살이를 했다. 그런데도 그는 1994년 대통령이 된 뒤 자신과 흑인들을 탄압한 백인들을 용서했다. 이런 행보는 인류 역사에 위대한 족적으로 기록되고 있다.

지난 세기 계층 간, 인종 간, 국가 간 지배·피지배 관계를 형성했던 많은 국가들이 '혁명'을 거쳤다. 새로 독립한 국가들이거나 민주화(民主化)된 많은 국가들에서 피바람이 불었다. 유고슬라비아가 해체된 뒤 보스니아 헤르체고비나에서 벌어진 '인종청소'를 상기해 보라.

남아공 역시 가혹한 인종차별 정책을 폈던 백인 정권에

대해 다수 흑인들에 의한 참혹한 보복이 벌어질 수 있었다. 그러나 만델라는 용서와 화해를 부르짖었다. '용서는 하되 잊지 않는다'는 그의 흑백 화해정책 덕분에 남아공은 상대적으로 큰 혼란을 겪지 않고 발전할 수 있었다. 나아가 만델라 방식은 남미 국가들의 민주화(民主化) 과정에서 전범(典範)으로 이어졌고 이들 국가도 혁명의 후유증을 최소화할 수 있었다.

그의 용서와 화해, 배려의 행보는 평범한 사람으로선 도저히 따르기 어려운 정도였다. 대통령으로 당선 집권한 뒤 첫 부통령에 백인 정권의 마지막 대통령을 임명했으며 흑백차별정책의 정보 책임자와 자신에게 종신형을 구형한 검사를 대통령 관저에 초대해 극진한 대접을 했다. 투옥했던 감옥의 교도소장을 대사로 임명하기도 했다.

'사람이 증오를 배운다면 사랑도 배울 수 있다'는 자신의 신념을 한 치도 어긋나지 않게 실천했다. 만델라의 자서전 『자유를 향한 머나먼 길』에서 "내가 언제 정치화됐느냐고? 남아프리카 공화국에서 흑인으로 태어나는 것은 그때부터 정치화되는 것을 의미한다."라고 했다. 그는 1993년 영예로운 노벨평화(平和)상을 프레데리크 데 클레르크 당시 대통령과 함께 공동 수상했다.

우리 사회는 지금 분열의 시대를 지나고 있다. 보수와 진보 간의 극심한 이념 대결, 갈수록 심해지는 빈부격차, 세대 간 계층 간 의사소통의 단절이 우리 사회의 활력을 저하시키고 있다.

만델라는 서거했지만 우리 모두에게 남긴 위대한 '용서와 화합의 정신'을 새겨보는 것이 어떨까? 남아공의 흑인들은 만델라를 뒤따라 자신들을 짓밟았던 백인들조차 용서했음을 오래도록 잊지 않으리라 마음 깊이 다짐해 본다.

『대표수필문학선집』 36호(2022)

수학 노벨상(필즈상)의 첫 여성

2014년 8월 13일 서울 코엑스에서 세계수학자대회(ICM) 개막식장 스크린에 마지막 필즈상 수상자 이름이 뜨자 객석에서 환호성이 터져 나왔다. 미국 스탠퍼드 대학 교수인 미르자카니(37)는 이란 출신의 여성 수학자이다. 수학의 노벨상으로 불리는 필즈상이 여성에게 돌아간 것은 처음이다. 78년 필즈상의 역사가 서울에서 바뀐 것이다.

대회 개최국 국가 원수가 상을 주는 전통에 따라 박근혜 대통령이 시상을 했다. 필즈상 시상자가 여성인 것도 처음이었다. 박 대통령은 "역사상 처음으로 필즈상 여성 수상자로 선정된 미르자카니 박사의 도전과 열정에 큰 박수를 보낸다."라고 축사했다. 사회를 본 국제수학연맹(IMU)의 첫 여성회장 잉그리드 도브시 미국 유크대 수학과 석좌 교수도 개막 후 기자회견에서 "미르자카니가 많은 여성의 롤

모델이 될 것"이라고 말했다.

1977년 이란 테헤란에서 출생한 미르자카니는 94~95년 국제 수학올림피아드(IMO)에서 2년 연속 금메달을 땄고 특히 95년 대회에서는 만점을 받았다. 그는 이란의 명문대인 샤리공대를 졸업한 뒤 2004년 미국으로 건너가 98년 필즈상 수상자 커티스 맥멀런 하버드대 교수의 지도로 박사 학위를 받았다. 기하학과 동역학계(Dynamical Systems)를 연구해 쌍곡기하학·복소해석학 등 수학의 여러 분야를 잇는 '학문적 다리'를 놓았다는 평가를 받고 있다.

미르자카니는 "어릴 때 스스로 수학(數學)을 못한다고 생각해 공부를 포기하려 한 적이 있었다."라며 "십 대에서 중요한 것은 재능이 아니라 자신감(自信感)이다. 요즘 많은 청소년, 특히 여학생들이 수학을 자신 없어 하는 것을 보면 안타깝다. 그들에게 할 수 있다는 자신감을 심어 주는 게 중요하다."라고 말했다. IMU는 이날 미르자카니와 함께 아르투르 아빌라[(35)-프랑스 국립과학연구소(CNRS), 석학연구원], 만줄 바르가바[(40)-미국 프린스턴대 석좌교수], 마르틴 하이러[(39)-영국 워릭대 교수] 등 총 4명에게 필즈상을 수여했다.

아빌라는 브라질 리오레자네이루에서 태어나 16세(95년)에 IMO 금메달을 땄고 21세에 브라질 국립순수응용수학원(IMPA)에서 박사 학위를 받았다. 유럽, 미국 외 지역에서 공부한 학자가 필즈상을 받은 것은 그가 처음이다.

61년 설립된 IMPA는 연령, 학위와 무관하게 수학 인재들에게

고급수학을 가르친다. 아빌라는 IMO 금메달을 딴 다음 해(17세)에 IMPA에 들어가 석사 과정을 공부했다. 학위를 받는데 필요한 대학 졸업장은 리오데자네이루 대학에서 따로 받았다.

다른 두 수상자 이력도 독특하다. 인도계인 바르가바는 캐나다 오타와에서 태어나 미국에서 학교를 다녔다. 하지만 수학자인 어머니 등 가족에게서 수학을 배웠다고 했다. 그는 "미국뿐 아니라 전 세계 교과서는 다 비슷하다. 문제를 던져주고 로봇처럼 그냥 풀라고 한다. 학생들이 수학이 가진 '발견의 즐거움'을 느낄 수 있도록 가르치는 방식으로 바꾸어야 한다."라고 말했다.

바르가바는 2001년 미국 프린스턴 대학에서 박사 학위를 받고, 2년 뒤 29세의 나이로 모교의 젊은 교수가 되었다.

하이러는 오스트리아 출신으로 스위스 제네바 대학에서 '수리물리학'으로 박사 학위를 받았다. 이향숙 서울 ICM 조직회 부위원장(이화여대 수학과 교수)은 "역대 필즈상 수상자 가운데 물리학도 출신은 90년 수상자인 에드워드 위튼 미국 프린스턴 고등연구소(IAS) 교수 이래 두 번째"라고 말했다. 하지만 하이러는 "논문지도 교수가 물리학과 겸 수학과 교수였다."라고 하며 "스스로 순수한 수학자라고 생각한다."라고 말했다. 그는 학생 시절 오디오 편집용 소프트웨어를 개발한 컴퓨터 프로그래머이기도 하다. 그의 홈페이지에서 소프트웨어를 구매할 수 있다.

개막식에서 필즈상 외에 네반리나상(수리정보학과 분야), 가우스상(응용수학 분야), 천상(기하학 분야)에는 각각 수브하시코린트(미국 뉴욕대 교수), 스탠리 오셔(미국 UCLA대 교수), 필립 그리피스(미 프린스턴 고등연구원) 명예 교수가 수상했다.

ICM은 기초과학 분야에서 가장 오래되고 규모가 큰 학술대회이다. 1897년 이래 4년마다 각국을 돌아다니며 대회가 열려 수학계의 올림픽으로 불린다. 서울 ICM에는 세계 20여 개국에서 5,000명의 학자들이 참가했다. 21일까지 필즈상 등 주요 상 수상자가 특별강연 10회, 한국의 황준묵 고등과학원 교수 등 세계적인 수학 석학들의 기초강연 21회, 분야별 초청 강연 179회 등이 이어진다. 수학 특강은 유료 등록자만 청강할 수 있지만 바둑 전시 등 문화행사는 무료이다.

마지막으로 수학 노벨상(필즈상) 메달과 본 상의 유래를 소개하며 마무리하겠다.

필즈상 메달의 크기는 지름 63.5mm, 재질은 14K 골드(5500 캐나다 달러, 약 521만 원 상당), 디자인은 전면 – 고대 그리스 수학자 아르키메데스 두상과 '스스로를 넘어서 세계를 움켜쥐라.'는 뜻의 타린어 문장으로 이루어져 있고 후면 – 구와 원뿔에 대한 아르키메데스의 정리가 새겨진 그의 묘비 형상과 '전 세계에서 모인 수학자들이 당신의 뛰어난 업적에 이상을 드린다.'는 라틴어 문장이 적혀 있다. 부상으로는 1만 5000 캐나다 달러(약 1422만 원)이다.

*** 필즈상의 유래**

– 1924년 캐나다 토론토에서 세계수학자대회(ICM) 추진위원장이었던 존 찰스 필즈가 제안하였다.

- 1936년 노르웨이 오슬로 ICM에서 '필즈상' 이름으로 첫 수여함
- ICM 개회연도 1월 1일을 기준으로 만 40세 이하 학자만 수상 자격
- 세계의 난제 '푸앵카레 추측'을 증명한 러시아 수학자 그리고리 페렐만이 2006년 수상을 거부하여 화제가 되었다.

총과 펜과 혀보다 중요한 표(票)

한국은 오는 4월 15일 총선거를 통하여 국회의원(300명)을 선출하는 거국적인 행사를 앞두고 있다. 각 정당들은 이산결합 재조정하여 나섰다. 출마 후보자를 선정하느라고 바쁜 나날들이다. 과거 선거 때 유행어가 생각난다. 유권자는 무섭고, 표는 무섭다고 했으나 이제 출마하는 국민의 선량들은 모두 조심스럽게 생각하며 나서기 바란다.

소속 선거구 주민을 위하여 여러 가지 사정을 살펴서 인심을 얻었다면 절대적인 지지를 받아 여의도 의사당에 재입성하기를 바란다. 당리당략보다는 국익을 우선순위로 보는 의원들이 많이 당선되기를 바라며 앞으로의 국회는 개혁된 선진국 대열의 의정활동을 보여 주기를 기대한다.

총은 펜보다 약하다고 한다. 그러나 국가 발전의 초기엔 총이 펜보다 위대하기도 하다. 많은 학자들은 국가를 살린

쿠데타로 4개를 지적한다. 터키 케말 파샤, 페루 벨라스코, 일본 메이지유신 그리고 한국 박정희다. 박정희 집권 18년 동안 많은 펜이 도전하고 항거했다. 그러나 결국 국민을 가난에서 구제한 건 펜이 아니라 총이었다. 산업화가 달성되자 총은 시대적 역할을 다했다. 총이 사라진 곳에서 펜이 새로운 역사를 열었다. 1987년 박종철의 죽음이 민주화 불꽃을 댕겼다. 이 죽음을 세상에 알린 건 중앙일보 신성호 기자였다. 건강하고 선도적인 펜은 공동체의 지평을 넓혀준다. 대표적인 펜이 조갑제 기자다. 독재자 박정희만 기억하던 국민에게 그는 혁명가 박정희를 보여 주었다. 그가 쓴 박정희 전기 13권은 성인이 되는 자녀들에게 줄 만한 가장 실존적인 선물이다.

총이나 펜만큼이나 인류 역사를 이끈 게 혀다. 애국적인 지도자의 위대한 혀는 국가를 살리고 거악(巨惡)을 물리친다. 나치 독일군이 유럽을 유린하던 1940년 5월 영국의 처칠은 하원에서 총리 취임 연설을 했다. "내가 드릴 수 있는 것은 피와 노고와 눈물과 땀밖에 없다." 파리가 독일군에 함락되자 프랑스 국방차관 드골은 런던에 망명 정부를 세웠다. BBC 라디오를 통해 드골은 조국의 국민에게 항전(抗戰)을 호소했다. "우리는 한 번 전투에서 졌지만, 전쟁에서 진 것은 아닙니다." 힘 있는 혀로 세상을 바꾼 대표적인 지도자가 미국 레이건 대통령이다. 1980년대 그는 "별들의 전쟁"이라고 불린 SDI(Strategic Defense Initiative)로 소련을 압박했다. 미사일 전쟁에서도 밀렸지만, 소련은 혀의 전쟁에서도 졌다. 1983년 레이건은 소련을 "악의 심장이며 악의 제국"이라고 규탄했다. 1987년 6월 그는 베를린 브란덴부르크 문 앞에 섰다. 그리곤 외쳤다. "고르바초프 씨 이 장벽을 허무시오." 장벽은 1년 5개월 후 무너졌다. 장벽과 함께 유럽 공산 제국도 사라졌다.

많은 나라에서 총과 펜과 혀가 역사를 바꿔왔다. 그러나 민주주의 제도에서 표(票)만큼 강력한 건 없다. 총과 펜과 혀는 커다란 영향력을 가지고 있다. 하지만 어느 정도 표만큼 즉각적이고 구체적이지는 않다. 일단 투표로 정해지면 무엇으로도 바꿀 수 없다. 아무리 힘센 총과 펜과 혀라도 결과를 뒤집을 순 없다. 선거가 끝나면 대통령과 국회의원은 현실이 되어 국민 앞에 우뚝 서 있다.

1980년대 이후 한국 현대사에서는 특히 표가 역사를 만들어 왔다. 1978년 12월 10대 총선에서 야당 득표율이 여당보다 1.1% 앞섰다. 국민의 저항이 시작됐고 박정희 정권은 흔들렸다. 1985년 2월 12일 총선은 5공 독재정권을 강타했다. 이 선거가 사실상 한국 민주화의 도화선이다. 2006년 5월 지방선거에서 노무현 열린우리당은 집권당 역사상 최악의 참패를 기록했다. 이 선거로 진보정권은 서서히 역사의 뒤편으로 물러났다.

총과 펜과 혀보다 중요한 표(票)는 화약은 없지만 총보다 강하고, 부드럽지만 펜보다 날카로우며, 종잇조각이지만 혀보다 무거운 그런 표가 다시 한국인 앞에 놓이고 있다.

『수필문학』 2020. 6월호

한글 세계문자올림픽서 금메달

세계문자학회는 2020년 10월 1일부터 4일까지 태국 수도 방콕에서 열린 제2회 세계문자올림픽 대회에서 대한민국의 한글이 1위(금메달)에 올랐다고 발표했다. 이번 세계문자올림픽 대회는 세계 27개국 문자 : 한국의 한글, 영어, 러시아어, 독일어, 우크라이나어, 베트남어, 폴란드어, 터키어, 셀비아어, 아이슬란드어, 에티오피아어, 몰디브어, 우간다어, 포르투갈어. 그리스어, 스페인어, 남아공어, 인도어, 울드어, 말라야람어, 구자라티어, 펀자브어, 말라시, 오리아, 뱅갈리, 캐나다 등 27개 국어가 경합을 벌였다. 각국 대표들은 대회에서 30여 분씩 자국 문자 우수성을 발표하였다.

세계문자 심사기준을 보면 ① 문자의 기원, ② 문자의 구조와 유형, ③ 문자 수, ④ 문자의 결합능력, ⑤ 문자의 독립성 및 독자성 등이다. 문자 응용 개방성 기준도 평가했다. 세계문자올림픽은 ① 가장 쓰기 쉽고 ② 배우기 쉽고 가장 풍부하고 다양한 소리를 표현할 수 있는 문자를 찾아내기 위한 취지로 개최되고 있다.

우리 한글이 16개국이 경쟁한 지난 2009년 대회에 이어 다시 한 번 금메달(1위)을 차지하여 한글의 우수성을 세계적으로 인정받게 되었다. 이번 세계문자올림픽에서 1위는 대한민국의 소리문자(표음문자), 2위는 인도의 텔루구 문자, 3위는 영어 알파벳이 차지했다. 마지막 날 참석한 각국 학자들은 '방콕선언문'을 발표하고 자국 대학에 한국어 단기반을 설치하겠다는 등 한글 보급에 적극 노력하겠다고 선언하였다. 이날 채택된 '방콕선언문'은 인구 100만 이상인 국가들과 유네스코에 전달할 계획이라 한다.

2009년 제566돌 한글날(10월 9일) 제1회 세계문자올림픽 대회에 이어 제2회 세계문자올림픽 대회에서 연속 금메달을 획득하여 세계 만방에 한글의 우수성을 알릴 수 있는 좋은 기회가 되었다.

「한글날 노래」: 국가 경축 노래를 참고로 첨부한다.

우리 겨레가 해마다 '한글날'에 부르는 「한글날 노래」는 세종대왕의 한글 창제와 반포를 기념하기 위해 제정된 국가 경축 노래다. 이 노래는 국어학자 최현배(崔鉉培, 1894-1970) 님이 가사를 쓰고 작곡가 박태현(朴泰鉉, 1907-1993) 님이 작곡한 것이다. 가사는 삼절로 이루어져 있고 마지막 악절인 21~24마디는 후렴으로 반복된다. 곡조는 사(G)장조로 되어 있고 4/4박자의 보통 빠르기(Moderato)로 부르며 구성은 24마디의 세도막(A B C) 형식이다. 「한글날 노래」의

가사는 한글의 아름다움과 뛰어남을 매우 적절하게 묘사하였고 한글이 겨레의 자랑이요 문화의 터전이 되는 것과 나라의 힘의 근본이 됨을 노래하고 있다.

한글날 노래

〈1절〉
강산도 빼어났다 배달의 나라
긴 역사 오랜 전통 지녀온 겨레
거룩한 세종대왕 한글 펴시니
새 세상 밝혀주는 해가 돋았네
한글은 우리 자랑 문화의 터전
이 글로 이 나라의 힘을 기르자

〈2절〉
볼수록 아름다운 스물넉 자는
그 속에 모든 이치 갖추어 있고
누구나 쉬 배우며 쓰기 편하니
세계의 글자 중에 으뜸이로다
한글은 우리 자랑 민주의 근본
이 글로 이 나라 힘을 기르자

〈3절〉
한겨레 한 맘으로 한데 뭉치어
힘차게 일어나는 건설의 일꾼
바른길 환한 길로 달려나가자
희망이 앞에 있다 한글 나라에
한글은 우리 자랑 생활의 무기
이 글로 이 나라의 힘을 기르자

『수필문학추천작가회 연간사화집』 30집(2022)

중동의 분쟁지 골란고원

골란고원은 이스라엘과 시리아 경계 요르단강 동쪽 갈릴리 호수 북동부에 위치하고 있다. 왜 요충지인가, 이스라엘과 시리아 사이 군사 요충지이다. 이스라엘 수자원의 1/3을 차지하고 있으며 넓이는 1800km^{2}로 1200km^{2}는 이스라엘 점령지이고 600km^{2}는 이리아의 유엔 관할지이다.

골란고원은 2019년 3월 말 도널드 트럼프 미국 대통령이 '이스라엘 영토'로 선언하면서 전 세계의 주목을 받았다. 이스라엘은 1967년 6일 전쟁 때 시리아의 골란고원과 이집트 시나이반도를 각각 점령했다. 이집트와는 1979년 평화협정을 맺고 시나이를 반환했다.

시리아와도 평화협상을 맺으려 했으나 국경 안전 보장과 갈릴리 호수의 수자원 이용을 둘러싼 이견으로 결렬됐다. 이스라엘 의회인 크네세트는 81년 이곳에 자국법과 행정

체계를 적용하는 골란법을 통과했다.

유엔안전보장이사회는 1967년 11월 결의 242호를 통해 아랍권이 이스라엘을 국가로 인정하는 대신 이스라엘은 점령지를 반환하도록 결의했다. 하지만 국제사회의 이상론은 중현실에는 통하지 않았다. 이집트 · 요르단 외 아랍권은 이스라엘을 인정하지 않았고 이스라엘은 평화협정과 안전보장 없는 골란고원 철군을 거부해 오늘날에 이르렀다. 안보리는 1981년 4월 결의 497호를 통해 이스라엘의 골란고원 병합을 무효로 선언했다. 그런 상황에서 트럼프의 미국은 골란고원을 이스라엘 영토로 인정한 첫 외국이 되었다.

남북의 약 65km 동서 평균 약 20km인 골란고원의 한복판에 있는 아비탈산의 화산공원을 찾았다. 산 중턱 전망대 아래로는 탁 트인 벌판이다. 한눈에 봐도 시리아를 굽어보는 전략적 요충지였다. 벌판엔 유엔 관할 완충지대와 74년부터 인도 · 아일랜드 · 네덜란드 · 네팔 · 피지 · 필리핀 등에서 파견한 유엔 휴전 감시군(UNDOF)의 주둔지가 보인다. 그 끝자락에 시리아 쿠네이트라 마을이 희미하게 보였다. 2011년 시작된 시리아 내전의 불똥은 나라의 끝자락인 이곳까지 튀었다. 시리아 정부군과 반군은 2013년부터 쿠네이트라를 빼앗고 빼앗기는 혈전을 벌이다 2018년 7월 반군이 항복하면서 유혈주이 종료되었다. 영국 일간지 가디언에 따르면 그 과정에서 고립된 군인들이 부상했고, 오스트리아군은 철수했다. 이스라엘 시리아의 충돌이 아니라 시리아 내전 때문에 유엔군이 피해를 보았다.

전망대 뒤쪽 산꼭대기에는 이스라엘군의 통신 레이드 감청기지로 보이는 군 시설이다. 이런 기지는 골란고원 곳곳에서 목격됐다. 골란고원 주위 곳곳엔 지명 대신 숫자로만 표시된 군부대 표지판이 보였고 주변은 차량으로 북적였다. 주말을 맞아 군 복무 중인 자녀를 면회 온 학부모의 차량이라고 가이드가 말했다. 그는 또한 "이스라엘은 찾은 나라라 대도시에서 2시간 정도만 차를 몰면 복무 중인 자녀 면회가 가능해 주말엔 부대 근처가 붐빈다"라고 말했다.

아비탈산 전망대에서 바라보니 시리아와 유엔군 주둔 지역이 보인다. 북쪽으로 헤르몬산(The Mount of Heramon, 해발 2770m)의 눈 덮인 봉우리들이 저 멀리 보인다. 골란고원과 레바논의 경계 지역이다. 저 산엔 이스라엘 서커 리조트가 자리 잡고 있다. 헤르몬산은 저 멀리서도 장엄하게 보인다. 이스라엘 여러 지역에서 볼 수 있다. 헤르몬산의 산봉우리는 연중 상당 기간 눈으로 덮여 있어 아라비안인들은 백발산 또는 설산(雪山)이라고 부른다. 저 헤르몬산으로부터 수원이 발원하여 복 아우린의 들로 흐른다. 남북 요단강의 근원과 갈릴리 호수를 채우고 사해(死海)까지 물을 채운다. 과거 분쟁 지역 골란고원은 이제 연간 300만 명 이상이 찾는 관광지로 변신했다.

"형제가 연합하여 동거함이 어찌 그리 선(善)하고 아름다운고 머리에 있는 보배로운 기름이 수염, 곧 아론의 수염에 흘러서 그 옷깃까지 내림 같고 헐몬의 이슬이 시온의 산들에 내림같도다. 거기서 여호와께서 복(福)을 명하셨으니 곧 영생(永生)이로다."(성경 시편 133:1~3)

갈릴리 호수와 올리브산

갈릴리 호수는 예수가 베드로, 요한을 만나고 오병이어의 기적을 베풀고 호수 근처 언덕에서 산상수훈을 설파했다. 갈릴리 호수는 이름이 호수이지, 거의 바다처럼 느껴질 만큼 크다. 동서의 폭이 14km, 남북의 길이가 21km에 달했다. 광야와 불모지 땅으로 뒤덮인 이스라엘에선 그야말로 '생명의 호수'다. 메마르고 퍽퍽한 이스라엘의 자연 풍경도 갈릴리 호수에 가까워질수록 길가에 녹색이 많아진다. 나무와 풀과 물이 많기 때문이다. 예수는 나사렛에서 성장했다. 그래서 사람들은 그를 '나사렛 예수'라고 불렀다. 나사렛은 갈릴리 호수에서 그리 멀지 않다. 이러니 어린 시절 예수, 젊은 시절 예수도 갈릴리 호수를 종종 찾지 않았을까. 그 풍성한 자연의 숨결 속에서 신의 음성을 듣지 않았을까. 예수는 이 갈릴리 호숫가에서 고기 잡던 베드로와 요한을 만났다. 배를 타고 가다가 몰아치는 바람과 파도를 잠재운 곳도 바로 여기다.

"행복하여라, 마음 가난한 사람들…"이라며 산상수훈을 설파한 곳도 갈릴리 호숫가의 언덕이다. 지금도 그곳은 우거진 갈대로 덮여 있다. 예수가 다섯 개의 빵과 두 마리의 물고기(오병이어)를 건네자 수천 명이 배불리 먹었다는 이야기의 배경도 갈릴리 호숫가 언덕이다.

호수 주변에는 경사진 갈대 언덕이 쭉 펼쳐져 있다. 낮에는 바람이 호수에서 언덕으로 분다. 밤에는 언덕에서 호수로 분다. 예수가 수천 명을 상대로 산상수훈을 설파할 때 언덕 아래에서 왼쪽을 보며 말했을 것이라 한다. 그럼 마이크가 없어도 바람을 타고 육성이 저 멀리 날아갔다고 한다,

올리브산은 십자가에 달리기 전날, 피땀 흘리며 기도하던 곳이다. 겟세마네 동산에 있는 올리브 나무는 2000년 전 올리브 나무의 후손이라 한다. 예루살렘 성전 곁에는 올리브산이 있다. 곳곳에 올리브 나무(감람나무)가 심어져 있다. 옛날부터 올리브산은 유대인의 공동묘지였다. 지금도 이 산은 이스라엘 사람들의 묘지로 빽빽했다. 여기가 성경에 나오는 겟세마네 동산이다. 예수 십자가에 매달리기 전날 밤, 이곳에서 기도를 했다. "아버지여, 가능하시다면 이 잔이 저를 비켜 가게 하소서. 그러나 제 뜻대로 마시고 아버지 뜻대로 하소서." 그 유명한 겟세마네 기도다. 당시 예수는 바위에 엎드려 땀을 흘리며 기도를 했다고 한다.

그 커다란 바위가 지금 겟세마네 동산에 있다. 그 바위를 안고

교회가 세워졌다. 바로 만국교회다. 아름다운 성화가 교회 상단을 장식하고 있다. 교회 안에는 예수께서 기도 올렸던 바위가 제단 앞에 놓여 있다. 그 주위로 조그만 울타리가 쳐져 있다. 사람들은 그 바위 주위로 빙 둘러앉아서 기도하고 묵상을 한다.

만국교회 앞에는 2000년 전 올리브 나무의 후손들이라는 밑동이, 무척 굵은 오래된 올리브 나무 한 그루가 있다. 순례객들은 그 나무 앞에서 사진을 찍는다. 혹시라도 그 나무가 예수님이 기도하는 풍경을 봤을까 싶어서 말이다.

이스라엘 예루살렘

예루살렘(Jerusalem)은 기독교 · 유대교 · 이슬람교의 성지가 한데 몰려 있는 복잡한 도시다. 올리브산 정상에서 보면 이슬람 사원과 교회, 유대인 공동묘지가 한눈에 들어온다. 황금지붕 건물이 이슬람교의 성지에 놓인 바위사원이다. 또한 예루살렘은 3000년 이상의 역사를 헤아리는 고도(古都)이다. 도시 곳곳이 성지이고 유적지다. 예루살렘은 옛 히브리어(이스라엘어)로 '평화의 도시'라는 뜻이라는데, 도시가 전혀 평화롭지 않았다. 도시의 역사는 차라리 수난사에 가깝다. 기원전 1000년의 다윗 왕국의 수도 예루살렘이 건설된 이래 도시의 주인은 수없이 바뀌었다. 주인이 바뀔 때마다 전쟁을 치러야 했다.

예루살렘의 동부지역에는 성벽으로 둘러싸인 소도시가 섬처럼 틀어박혀 있다. 바로 올드시티(Old City)다. 면적

$1km^2$에 불과한 옛 도시 안에 유일신을 섬기는 세 종교(유대교, 기독교, 이슬람교)의 성지가 모여 있다. 유대인의 혼이 서린 통곡의 벽(Wailing Wall) 예수의 무덤이 있는 성묘교회(Church of the Holy Sepuleh) 모하메드가 승천했다는 바위 사원(Dome of the Rock)이 어깨를 맞대고 있다. 사막 안의 이 작은 도시를 두고 긴 세월 동안 수많은 피의 다툼이 벌어졌던 까닭이다.

옛 도시는 1967년 중동전쟁 이후 이스라엘 손아귀에 들어갔지만 국제 사회에서는 이스라엘 영토로 인정하지 않는 시선이 여전히 많다. 이스라엘은 "옛 영토를 찾았다."라고 말했지만 국제 사회는 "무력으로 정복했다."라고 못 박는다. 올드시티는 81년 유네스코 세계문화유산으로 지정했지만 신청 국가는 이스라엘이 아니었다. 이스라엘 전에 예루살렘을 차지했던 요르단이었다. 지금도 유네스코 유산 목록에는 예루살렘의 올드시티 국가명이 비어 있다.

현재 올드시티에는 유대인, 아랍인, 기독교인, 아르메니아인 네 구역에 나누어 살고 있다. 이 좁은 성안에서만 해도 여러 인종과 문화, 다양한 종교와 역사가 숨 가쁘게 교차한다. 골목을 돌면 풍경이 바뀌고 길을 건너면 다른 언어가 들린다. 예루살렘뿐만 아니라 이스라엘 전체가 여행자에게 무궁무진한 호기심의 공간이다.

성경에서 읽었던 장소가, 세계사 시간에 들었던 공간이 수시로 눈앞에 펼쳐진다. 이스라엘 서부지역으로 가면 로마 유적 카이사레아(Caesarea)가 있고 동부지역으로 가면 소금 호수 사해(死海, Dead Sea)를 만난다. 눈 돌릴 때마다 걸음 옮길 때마다 구경거리가 툭툭

튀어나온다. 동부 사막에 자리한 쿰란 국립공원의 동굴 유적, 수천 년 전의 성경 필사본이 발견된 장소다.

엄청난 구경거리가 널린 나라지만 이스라엘은 우리나라보다도 한참 작은 나라이다. 이스라엘 면적(2만 770km^2)은 한국의 1/5에 불과하다. 동에서 서로 국토를 가로지르는데 자동차로 2시간이면 충분하다. 마음만 작정하면 하루 안에 예루살렘을 구경하고 동쪽으로 넘어가 사해에서 망중한을 즐길 수 있다.

십자가(十字架)의 길

예수가 십자가를 짊어진 채 쓰러진 곳에 교회를 세우다.

이스라엘에는 성지가 무척 많다. 그 많은 성지 중에 핵심이 바로 십자가(十字架)의 길이다. 라틴어로는 '비아돌로로사(Via Dolorosa)'라고 불린다. '슬픔의 길'이란 뜻이 있다. 겟세마네 동산에서 체포된 예수가 끌려가 재판을 받는 곳, 쇠가 박힌 채찍을 맞았던 곳, 십자가를 어깨에 짊어졌던 곳, 비틀거리며 걸었던 길, 십자가에 못 박힌 언덕, 십자가에 매달렸던 장소 등 예수의 최후가 고스란히 저며 있는 약 800m의 거리다.

그런데 십자가의 길로 가는 골목은 현재 무슬림의 재림시장이다. 낮에는 사람들로 북적대는 좁은 길을 지나야 했다. 그러나 2000년 전에는 예루살렘의 대로였다. 지금도 로마시대에 깐 벽돌이 도로에 깔려 있다. 당시에 마차가

다녔던 큰 길이었다. 십자가를 어깨에 맨 예수는 그 길에서 세 번이나 쓰러졌다. 예수가 쓰러진 장소마다 지금은 작은 묘화가 하나씩 서 있다. 순례객들은 그 길을 따라서 걸으며 예수 고난을 묵상한다. 그가 누구를 위하여 십자가를 짊어졌는가, 그는 어떤 마음으로 그 길을 걸었던가, 그가 매달렸던 십자가는 진정 어떤 의미인가.

첫 번째 장소는 빌라도의 법정이다. 지금은 이슬람 학교가 세워졌다. 두 번째 장소는 사형 언도를 받고 채찍질을 당한 곳이다. 거기에는 채찍 교회가 자리 잡고 있다. 이처럼 예수가 처음 쓰러진 장소에는 폴란드 교회가, 마리아가 아들 예수를 지켜봤던 장소에는 아르마니아 교회가, 시몬이 예수 대신 십자가를 짊어진 장소에는 가톨릭의 작은 교회가 세워져 있다. 십자가의 길 최종점은 성묘교회다. 예수의 옷을 벗기고 십자가에 못 박고, 매달리고, 다시 십자가에서 내린 곳이다. 그리고 예수의 시신을 옮겼던 무덤이 있던 장소다. 성묘교회서 들어가면 널찍한 바윗돌이 아래에 놓여 있다. 예수의 시신을 염했다고 전해지는 바위다. 순례객들은 이 바위에 엎드려 기도했고 묵상하며 눈물을 흘렸다.

그 바위 오른편에 있는 계단을 올라가면 예수 십자가에 못 박았던 장소가 나온다. 거기서 열 걸음쯤 가면 예수가 십자가에 매달렸던 장소다. 뜨거운 이스라엘의 뙤약볕 아래에서 예수는 십자가에 못 박힌 채 서서히 죽어갔다. 순례자들은 대부분 그 앞에서 눈을 감는다.

지금의 성묘교회는 1149년에 십자가를 복구한 모습대로다. 이후 이슬람 세력이 이곳을 점령했을 때에는 교회 열쇠를 가지고 출입(出入)을 통제했다. 그 전통이 지금까지 내려오고 있다. 성묘교회 안에는 그리스도 성직자들이 살고 있다. 그런데 오후 8시가 되면 이슬람 사람이 밖에서 문을 잠그고 안에 있는 그리스도 성직자에게 사다리를 인계한다.

십자가의 길, 그 길을 걷다 보면 2000년 전 예수의 고난이 느껴진다. 골목을 돌 때마다 예수의 숨소리가 들린다. 우리가 할 일은 눈을 감고 귀를 열고 마음 여는 일뿐이다.

사막의 요새 휴양지 사해

예루살렘을 빠져나와 동쪽으로 방향을 틀자 곧 거칠고 망망한 사막 '유대 광야'의 품에 들었다. 유대 광야는 사방으로 바위산과 와디(우기에만 물이 흐르는 골짜기)가 열린 지루한 사막이다. 하나 신의 백성을 자처하는 이에게 이 거친 땅은 단순한 사막이 아니라 예부터 이 황폐한 땅에서 구도자들이 은둔생활을 하며 자신의 신념을 시험했다. 사막 끝머리에 자리한 쿰란(Qumran)국립공원의 동굴에서 그 흔적을 엿볼 수 있었다. 수천 년 전 성서 『사해사본』 등 여러 유물이 발견됐다는 쿰란 동굴 주변은 나무 하나 없었다. 황폐한 풍경에서 세속을 떠나 은둔했던 유대인의 고난을 읽었다.

쿰란부터는 본격적으로 사해(Dead Sea)가 펼쳐진다. 사막 끝에 극적으로 펼쳐진 푸른 바다의 모습은 영화의 한 장면 같았다. 물 건너로 희미하게 요르단 땅이 보였고 남쪽으로 뻗은 사해는 도무지 끝이 보이지 않는다. 사해(810km^2)는 서울(605km^2)보다 큰 호수다. 사해는 염분 농도가 바닷물의 8.6배이다. 수자원은 주로 요단강에서 유입, 증발에 의해서만 유출된다. 표면적은 810km^2, 길이 67km, 넓이는 18km, 수표면 높이는 해발 418m이다.

사해를 마주한 거대한 요새 마사다(Masada)가 먼저였다. 유대인의 혼이 서려 있다는 마사다는 유대 광야 끝자락 바위산 정상에 있는 요새다. 높이 약 450m의 가파른 언덕 위의 평원에 2000년을 버틴 천혜의 방어기지가 숨어 있었다. 마사다 정상까지는 케이블카로 3분 거리였다. 1시간 정도 걸어 올라가는 비탈길이 있었지만 도무지 엄두가 나지 않았다. 정상에 오르니 사방이 열렸다. 넓은 사해와 거친 유대 광야가 360도로 펼쳐졌다. 성벽 아래는 곧장 깎아지른 낭떠러지였다. 난공불락의 요새였다.

그러나 마사다의 역사는 비극에 가깝다. 서기 70년 로마군이 예루살렘을 정복하자 일부 유대인이 마사다로 도망쳤다. 죽음을 불사한 최후 저항이었다. 당시 로마군은 마사다를 함락하는데 자그마치 3년을 쏟았다. 땅에서부터 산 정상까지 흙을 쌓아 경사로를 구축한 것이다. 로마군이 마사다 턱 밑까지 다다르자 유대인은 집단 자결로 최후를 맞았다. 유대왕국 종말의 순간이었다. 그 뒤로 디아스포라(Diaspora) 즉, 유대인의 떠돌이 생활이 약 2000년간 이어졌다.

이스라엘 사람은 마사다의 비극을 영예로운 죽음, 그리고 다시는 반복되어서는 안 될 교훈으로 받아들인다. 이날도 40도를 육박하는 더위를 무릅쓰고 고난의 비탈길을 걸어서 오르내리는 사람이 많았다.

마사다는 헤롯왕이 피신처로 지었다가 방어기지로 발전시킨 곳이다. 견고한 성벽 안에 헤롯왕의 궁전터와 목욕탕 터가 그대로 남아 있었다. 북쪽 절벽에는 헤롯왕을 위한 전망 좋은 테라스도 있었다. 마사다의 서쪽으로는 로마군이 쌓아 올린 가파른 경사와 막사의 흔적이 선명했다. 무엇보다도 천혜의 풍광이 전방 위로 펼쳐졌다. 서쪽으로 바위산과 와디가 파도를 쳤고 동쪽으로는 육지와 만나 급격히 좁아지는 사해의 허리가 내려다보인다.

2000년의 한 맺힌 '통곡의 벽'

지금도 나이 든 이스라엘 사람들이 모이면 55년 전에 있었던 '6일 전쟁' 이야기로 시간 가는 줄 모른다. 1967년 6월 6일, 전쟁이 발발했다. 글자 그대로 6일간 전쟁이었다. 이 전쟁에서 이스라엘은 아랍 세계의 강국들인 이집트, 시리아, 요르단과 상대해서 싸워야 했다. 당시 이스라엘 정예부대를 구 예루살렘 전투에 투입 시켰다. 성도 예루살렘은 6일 전쟁 이전 요르단 측이 장악하고 있었다. 이스라엘은 어떠한 희생을 치르더라도 이곳을 차지하려고 했던 것이다.

이스라엘 정예 공수부대는 완강한 저항을 받으면서 구 예루살렘의 스데반 성문(Stephen's Gate)을 통과하는데 성공했다. 예루살렘 성안으로 진격한 이스라엘 병사들은 예정된 목표를 향해 돌진했다. 그들이 죽음을 무릅쓰고 나아갔던 목적지는 '통곡의 벽'이었다. 마침내 병사들은 그곳에 도달했다. 그들의 눈에서 눈물이 흘러내렸다.

지난 2000년 동안 '통곡의 벽'은 전 세계에 흩어져 살고 있는 유대인들(디아스포라)에게 귀향의 꿈을 상징하는 성소(聖所)가 되어왔다. 나라 없는 백성으로서 수난과 박해를 받으며 살아온 유대인들은 이곳을 찾아와서 고난과 한 많은 그들의 삶을 눈물로써 하나님께 호소하곤 했다. 그래서 '통곡의 벽'이라는 이름이 붙여지게 되었다.

서기 66년 팔레스타인 땅에 살고 있던 유대인들은 로마제국의 통치에 항거하는 반란을 일으켰다. 로마군대는 무력으로 반란을 진압시켰고 마지막으로 항거하던 유대인들은 예루살렘 성전 안으로 들어가 문을 잠그고 끝까지 저항했다. 로마군대는 성전을 향해서 횃불을 던지기 시작했고 성전은 불에 타서 완전히 파괴되고 말았다. 이때가 서기 70년이었다. 성전이 성경의 표현대로 돌 위에 돌 하나 남지 않고 완전히 파괴되어 다시는 복구하지 못했다. 그러나 다행히도 성전을 받치고 있던 서쪽 편 축대의 일부가 화를 면해 지금까지 그대로 남아 있다. 이것이 바로 '통곡의 벽'이다.

폭 60m, 높이 18m인 통곡의 벽을 찾는 사람치고 흥분의 감회를 느끼지 않는 이는 없을 것이다. 왜냐하면 통곡의 벽은 예수의 지상 세계에서의 활동을 역사적으로 증언해 주는 곳이기 때문이다. 이 성벽은 예수를 십자가에 못 박으라는 군중들의 함성 소리도 들었을 것이고 십자가를 진 채 골고다 언덕으로 향하던 예수님의 뒷모습도 바라보았을 것이다. 생각이 여기에 미치자 통곡의 벽을 쌓고 있는 돌을 잇는 틈새에서 역사의 숨결이 들려오는 듯했다.

유대인 남자들이 머리에 키파를 쓰는 것은 탈무드에 “사람이 옷을 입어 몸을 가리는 것처럼 하나님 앞에 나갈 때 몸의 일부 머리에 키파를 써서 가리는 것은 하나님께 대한 경외의 표시가 된다.”라고 했기 때문이다. 종이로 만든 키파를 얻어 쓰고 통곡의 벽 구내로 들어갔을 때 한쪽 편에서 마침 바르 미쯔바(Bar Mitzvah)가 진행 중이었다. 이 의식은 유대인이 만 13살이 되었을 때 행하는 성년 의식으로 결혼식과 함께 일생 중 가장 성대하고 중요한 행사이다. 바르 미쯔바는 ‘계명의 아들’이란 뜻인데, 이 의식을 통해 성년이 되었음을 선언하고 이때부터 구약성경에 수록된 613개의 계명을 지키면서 살아가야 하는 책임적인 존재가 되는 것이다. 이 성년 의식은 친척, 친지들이 모두 모인 가운데 큰 잔치와 함께 ‘통곡의 벽’ 앞에서 행함으로써 한층 의미를 갖는다.

눈을 들어 통곡의 벽 위쪽을 바라보니 이슬람교 대사원의 웅장한 모습이 눈에 들어왔다. 메카와 메디나에 있는 사원과 함께 이슬람 3대 사원 중 하나라는 대사원이다. 서기 630년대 이슬람교도인 아랍인들은 이스라엘을 무력으로 정복하고 솔로몬 성전이 서 있던 바로 그 자리에 대사원을 건축했다. 바로 이것이 오늘날 아랍과 이스라엘 간의 불화가 계속되는 원인을 상징적으로 시사해 준다. 1990년 10월 통곡의 벽에서 일어났던 이스라엘 사람들과 아랍 사람들 사이의 충돌 사건도 바로 이런 문제 때문에 일어난 것이다. 언제쯤 통곡의 벽이 ‘위로의 벽’, ‘화해의 벽’이 되어 세계인에게 다가올 것인가 소망해본다.

2

금강산에 얽힌 사연

산림녹화 세계적인 성공사례

우리나라 국토 면적의 70%가 산지이고 그 대부분이 산림인 한국은 산림녹화(山林綠化)에서 세계적으로 보기 드문 성공사례를 만들어 냈다는 평가를 받고 있다. 전 세계를 통틀어 국토 전체가 헐벗었다가 성공적으로 복원된 것은 처음이자 유일한 사례다.

환경 분야의 세계적인 저술가인 미국의 레스터 브라운 전 지구 정책 연구소장은 『플랜 B 2.0』이라는 그의 저서에서 "한국의 산림녹화는 세계적 성공작이며 한국이 성공한 것처럼 우리 지구를 다시 푸르게 만들 수 있다며 박정희(전 대통령)의 결단이 큰 역할을 했다."고 평가했다. 국립산림과학원 배재수 박사와 서울대 규장각 이기봉 박사도 한국 산림 녹화의 성공 배경을 2006년 『한국임학회지』에 발표했다. 이들은 가정용 연료 문제를 해결해야 한다고 일찍부터 판단한 정부의 산림 정책과 에너지 정책이 잘 결합했기에 산림녹화 성공이 가능했다고 밝혔다.

사실 1950년대 초반 한국의 산림(山林)은 최악이었다. 일제 수탈과 6·25 한국전쟁 때문이었다. 광복절인 1942년 남한의 나무 총량(입목축적)은 6,500만m^3이었지만 1952년에는 3,600만m^3로 줄었다. 피난민들의 땔감 소비는 늘었으나 전력, 석탄 부족은 심각했다. 산림을 보호할 치안력도 크게 부족했다. 전문가들은 “당시의 상황이 10년만 방치되었으면 전국은 민둥산이 되고 산림녹화는 꿈도 꾸지 못했을 것”이라고 지적했다.

이런 가운데 박정희 정부는 1962년 제1차 경제 개발 계획을 세우며 민수용 석탄 공급계획을 포함시켰다. 1964년에는 35개 도시에 민수용 석탄을 공급하면서 나무 땔감 사용을 막았다. 1965년부터 정부 차원의 대대적인 산림녹화 사업이 힘차게 추진됐다. 화전(火田)을 정리하고 식목일마다 대통령부터 나서서 나무를 심는 행사를 했다. 1973년에 시작될 제1차 치산녹화 10년 계획은 4년 일찍 달성했다. 6년 동안 29억 4,000만 그루를 심었다.

40여 년이 지난 2017년 한국의 나무 총량은 9억 7,360만m^2다. 1952년의 27배 규모가 된 것이다. 산지 1ha당 나무 총량은 154.1m^3로 치산녹화(治山綠化) 원년인 1973년 11.3m^3의 13.6배로 늘었다. 유엔 농업식량기구(FAO) 통계 자료를 바탕으로 계산해 보면 2015년 기준으로 한국 산지 1ha당 나무 총량은 148.5m^3로 320.8m^3 독일이나 352m^3인 스위스에는 못 미치지만 131m^3인 미국을 앞질렀다.

이처럼 산림녹화에 힘쓰는 것은 숲이 필요하기 때문이다. 그렇다면 숲은 우리에게 어떤 혜택을 주는 것일까? 경희대 지리학과 공우석 교수는 최근에 발행한 『우리 나무와 숲의 이력서』(청아출판사)란 책에서 숲의 기능을 크게 7가지로 나누어 제시했다. ① 물을 정수하고 저장하는 녹색 댐 기능 ② 공기 정화 ③ 기후 조절 ④ 생활 물자 공급 ⑤ 야생동물의 서식처 ⑥ 토사의 침식과 유실 방지 ⑦ 심신 수양 장소 제공 등이다. 또한 공 교수는 책에서 "산에 울창한 숲이 조성되면 숲이 없는 곳보다 30배의 물을 저장할 수 있게 된다"며 "1정보(9917㎡)의 숲은 1년에 78명이 호흡할 때 필요한 18톤의 산소를 공급한다"고 설명했다.

산림청 국립과학원은 몇 해마다 국내 산림의 공익적 가치를 산출하는데 가장 최근 것은 2016년에 발표하였다. 당시 산림과학원은 2014년 기준으로 국내 산림의 공익적 가치가 연간 126조 원에 이르는 것으로 평가했다. 이는 국내 총생산(GDP)의 8.5%에 해당하고 국민 한 사람당 약 249만 원의 혜택을 제공하는 셈이다.

사실 숲을 바라보는 그 자체로도 심리적인 위안을 얻을 수 있다. 지난 2010년 전남대 연구팀은 국제학술지 『종합 환경과학(Science of Total Environment)』에 게재한 논문에서 도시 환경과 숲, 공원 등 녹지대를 볼 때 뇌의 활성화 부위가 달라지는 것을 확인했다고 보고했다. 30명의 학생 자원자를 대상으로 관련 사진을 보여주며 기능적 자기공명영상을 촬영한 결과, 녹지대 사진을 보는 것만으로도 기쁨이나 즐거운 감정에 관하여는 대뇌변연계가 활성화됐다는 것이다.

도시 열섬현상을 완화하고 미세먼지를 제거하는 기능도 확인했다. 국립공원 관리공단은 2017년 7~9월 북한산 국립공원 내 서울 종로구 구기동 지역 두 곳에서 미세먼지(PM 2.5) 농도를 측정한 결과 서울 시내 다른 측정소에서 측정한 값보다 1.7% 낮았다고 밝혔다.

미국 농무부 소속 연구팀이 2013년 환경오염(Environmental Pollution)에 게재한 논문을 보면 애틀랜타에서는 도시 지역 나무가 연간 64.5톤을 뉴욕에서는 연간 37.4톤의 초미세 먼지를 걸러내는 것으로 분석됐다.

숲이 미세먼지를 제거함으로써 사람의 건강 피해를 예방할 수 있기 때문에 뉴욕시에서 연간 6,000만 달러(약 655억 원)의 경제적 이익을 숲이 제공하는 것으로 추산되었다.

국립산악박물관을 찾아

오늘은 강원 속초시 학동에 2014년에 개관한 국립산악박물관을 찾아 관람했다. 1977년 9월 15일 고(故) 고상돈 산악인이 한국인 최초로 해발 8,848m의 에베레스트산을 등정하는데 성공하므로 한국은 국가별로는 세계에서 여덟 번째, 등반팀으로는 열네 번째로 에베레스트를 등정한 국가가 되었다. 이때 고(故) 고상돈 산악인이 에베레스트 정상에서 무전을 통하여 "여기는 정상 더 이상 오를 데가 없다"라는 표현으로 에베레스트산 등정에 성공하였음을 알렸고, 산을 좋아하는 많은 사람의 입에 자주 오르내리는 유명한 말이 되었다. 지난해 말에 개봉하여 상영된 영화 「히말라야」에서도 이 감격의 외침을 인용했다. 최근 「히말라야」라는 영화의 영향으로 산에 대한 관심이 많이 높아지게 되었고, 특히 8,000m 이상의 고도 지점은 사람이 생존하기 힘든 데스존(Dearth Zone)이라는 것도 알게 되었다. 데스

존은 기압이 낮아 대기 중의 산소량이 3분의 1로 줄어들고 급감하는 기온으로 공기에 노출된 신체의 모든 부위에 동상이 발생하는 위험 요소가 많이 있는 곳이다. 데스존에 대해서 알게 되면서 '과연 산소가 부족한 곳에서 활동하는 느낌은 어떠할까?'라는 궁금증이 일어났다. 그러던 중 국립산악박물관이란 곳에 가면 저산소를 이용하여 고산의 환경을 체험할 수 있는 공간이 있음을 알게 되었다.

대한민국은 산악 지형이 한반도 70%를 차지하고 있다. 한국 갤럽에 따르면 2014년 10월 '한국인 좋아하는 취미문화'를 주제로 한 면접조사 인터뷰에서 가장 좋아하는 취미로 '등산'이 선정되었다. 또한 우리나라는 히말라야 8,000m급 14좌 완등자 배출국 중 가장 많은 완등자를 배출한 산악 강국이다. 이러한 등산에 대한 국민적 관심이 증가하면서 2014년 11월에 지상 3층, 지하 1층, 총 넓이 3,789㎡의 복합 문화 공간인 '국립산악박물관'을 강원 속초시 노학동에 개관하였다. 미시령 터널을 통하여 속초시로 내려오다 보면 '한화리조트' 맞은편에 국립산악박물관이 위치하고 있다. 국립산악박물관 건물 앞 위쪽을 바라보면 세상의 지붕을 향해 걸어가는 산악인의 모습을 한 조형물이 관람 방문객을 반기고 있다.

국립산악박물관 1층에 들어서면 왼쪽에는 휴식 공간과 우리나라 명산을 소개하는 게시물이 있고 로비에는 상징 조형물, 영상실, 기획전시실, 안내 데스크 등이 있다. 산악박물관 느낌이 물씬 풍기는 상징 조형물은 1, 2층에 걸쳐 세워져 있다. '영원한 도전'이라는 극한의 상황에서 정상을 향한 인간의 열정을 표현한 것으로 암벽등반, 빙벽등반, 혼합등반의 방법으로 설산에 오르는 산악인들의 모습이 조형물로 설치되어 있다. 영상실은 산악 다큐멘터리, 산악 영화 등 영상을 통해 도전과 감동의 현장을 느낄 수 있는 공간이며 강연, 학술회의 등도 개최할 수 있는 복합문화 공간이다. 기획전시실에서는 자연, 인문, 예술, 문화 등산을 테마로 한 다양한 콘텐츠를 전시하는 예술 공간으로 필자가 방문할 때는 '산사랑 숲길사랑 사진전'으로 우리나라 산악을 사랑하는 아마추어 작가들의 사진이 전시되고 있었다.

2층에는 체험 공간으로 고산 체험실, 산악교실, 암벽 체험실과 휴식 공간인 카페테리아가 있다. 각 체험실은 무료로 운영되고 있으며, 1층 안내 데스크에서 예약을 받고 있다. 오전 9시부터 오후 4시까지 1시간 간격으로 운영한다. 암벽 체험실은 산악 레포츠의 하나인 스포츠 클라이밍을 직접 체험해 볼 수 있는 실내 암벽 등반장이다. 체험자의 조건은 나이 6세 이상, 키 120cm 이상이다. 안전 장비를 갖추고 맨손으로 암벽을 모르는 경험을 해 볼 수 있다. 암벽 체험 외에 클라이밍 수업도 받을 수 있다. 체험할 수 있는 인원이 제한되어 예약은 필수다. 주말에는 오전에 예약이 마무리된다고 하니 조금 일찍 서둘러야 한다.

고산 체험실은 저산소 상태인 고산 환경을 재현해 산악인들의 등반 환경을 몸으로 느낄 수 있는 체험실이다. 먼저 고산 환경에서의 몸의 변화에 대한 설명과 체험실 이용시 주의 사항을 듣고 심박수와 산소 포화도를 측정할 수 있는 시계를 착용한 후 측정실로 들어간다. 두 개의 체험실이 있는데 먼저 해발 3,000m 백두산 정상을 느낄 수 있는 체험실에 들어가 2분 정도 러닝머신(Treadmill)을 걸으며 체험의 변화를 경험한 후 해발 5,000m 에베레스트 베이스 캠프 환경의 체험장으로 이동하여 2분 정도 러닝머신을 걸으며 신체의 변화를 경험해 볼 수 있다. 가슴이 조여오고 머리가 살짝 어지럽고 걸을수록 산소의 포화도가 낮아지는 저산소 환경에서 오는 몸의 변화들을 직접 체험해 보는 곳이다. 산악교실은 어린이들의 눈높이에 맞춘 여러 게임과 활동을 통해서 산악안전, 등산과학, 산악문화, 산악역사 등을 배울 수 있는 곳이다.

3층으로 올라가면 전형적인 전시실로 이루어진 박물관이다, 우선 제1 전시실에 들어가면 한국과 외국의 산악 등반 역사를 비교하여 볼 수 있다. 산악 등반의 굵직한 역사적 사건들을 보여주는 여러 전시물들은 그동안 어떻게 산악 등반을 통해서 인간 한계를 극복해 왔는지를 나타내 주고 있으며 인간만이 가지고 있는 도전 정신을 어떤 방식으로 표출해 왔는지를 볼 수 있다. 세계 산악 등반 역사에 비하면 우리나라의 산악등반 역사는 상대적으로 짧지만 세계 등반 역사에서의 손꼽히는 상위에 랭크되어 있는 것을 보면 세계 속의 자랑스러운 대한민국을 경험할 수 있다. 과거를 알고 현재를 알면 미래에 대한 기대를 하게 되듯이 전시실을 돌아보면서 우리나라의 산악 등반 역사도 매우 발전할 것이라는 사실을 기대하게 되었다.

제2 전시실에 들어가면 천장까지 매달린 사각 기둥에 한국의 자랑스러운 산악인들의 이름과 사진, 이력들이 소개되어 있다. 여성 산악인들의 얼굴도 보였지만 대부분은 남성들이였다. 관람을 하면서 한 가지 기억에 남는 것은 그 산악인들 중에서 등반 혹은 하산

중 실종으로 마지막 이름을 남긴 산악인들이다. 그리고 한 마디 '그리고 산이 되어 산으로 돌아갔다'라고 적혀 있다. 산악인들에게 있어서는 산과 함께 할 수 있다는 사실 자체만으로도 가슴 뿌듯한 이력이 될 수 있다는 사실이 어색하지만 하나의 감동으로 몰려온다. 이것이 산악인들 서로가 공유하는 철학인가 싶다. 바로 옆으로 연결된 제3 전시실은 산악문화실로 예부터 우리나라에 전해 내려오는 산악 숭배 사상의 유물들이 전시돼 있었다. 산신각도 있고 대동여지도도 바닥에 대형으로 전시되어 있다. 지도에는 우리나라의 명산이라는 백두산, 금강산, 설악산, 북한산 등이 표시되어 있어서 예부터 우리 조상들이 얼마나 산에 관심이 많고 또 신성시하며 숭배해 왔는지를 알 수 있었다. 또한 산수화를 통해서 자연의 아름다움을 표현해 왔는데 산수화 역시 한국 산악 문화의 한 부분임을 확인할 수 있었다.

3층 관람을 끝내고 나오다가 보면 트릭 아트가 있어서 포인트를 잘 맞추어서 찍으면 암벽을 등반하는 모습, 산 아래 풍경을 바위에 걸터앉아 내려다보는 모습 등 재미있는 사진을 찍을 수 있다.

주님께서 제자들에게 "내가 너희에게 이른 말이 영이요 생명이라"(요 5:63) 말씀하셨다. 우리의 호흡에서 가장 중요한 것이 산소이다. 보통 생활하고 있는 곳에서 산소는 전체 공기의 21%를 차지하고 있는데 조금만 비율이 줄어도 머리가 어지럽고 가슴이 답답해지면서 산소 포화도는 정상 이하로 떨어진다. 영적인 산소 부족에 대하여 얼마나 민감한지 다시 한번 각성해 보아야겠다.

세 나무 이야기

원대한 꿈을 이야기하고 있는 멋진 동화책을 읽었다. 세 나무 이야기(The Tale Three Trees)는 올리브 나무와 떡갈나무, 소나무인데 이들 나무는 각각 특별한 존재가 되겠다는 큰 꿈을 품고 있었다.

올리브 나무는 정교하고 화려한 보석 상자가 되어 그 안에 온갖 보물을 담는 꿈을 꾸었다. 어느 날 나무꾼이 숲의 수많은 나무 중에서 그 올리브 나무를 선택하여 베었다. 올리브 나무는 아름다운 보석 상자가 될 기대에 부풀었지만, 더럽고 냄새나는 짐승의 먹이를 담는 구유가 되었다. 가슴이 무너져 내리고 꿈이 산산조각났다. 자신은 가치가 없고 천한 존재라는 느낌이 들었다.

떡갈나무도 위대한 왕을 싣고 바다를 건널 거대한 배의 일부가 되겠다는 꿈이 부풀어 있었다. 그때 나무꾼이 자신을 베었을 때 흥분을 감추지 못했다. 그러나 시간이 갈수록 나무꾼이 자신으로 조그만 낚싯배를 만들고 있음을 알았다. 떡갈나무는 슬픔의 눈물을 흘렸다.

높은 산의 꼭대기에 있는 소나무의 유일한 꿈은 어제까지나 높은 곳에 버티고 서서 사람들에게 하나님의 위대한 창조의 섭리를 일깨워 주는 것이었다. 그런데 순식간에 번개가 치더니 소나무를 쓰러뜨리면서 그 꿈을 빼앗아 버렸다. 얼마 후 나무꾼이 쓰러진 나무를 가져다가 쓰레기 더미에 던져 버렸다.

세 나무는 모두 자신의 가치를 상실했다는 생각에 크게 실망했다. 세 나무의 꿈은 모두 사라졌다. 하지만 하나님은 다른 계획을 갖고 계셨다. 오랜 세월이 흘러 마리아와 요셉이 아이 낳을 곳을 찾지 못하여 헤매고 있었다. 그들은 마침내 마구간을 발견했고, 아기 예수가 태어나자 구유에 누였다. 이 구유는 바로 올리브 나무로 만든 것이었다. 올리브 나무는 귀중한 보석을 담고 싶었으나 하나님은 더 좋은 계획을 갖고 계셨다. 올리브 나무는 이 세상에서 가장 귀한 보물인 하나님의 아들을 담게 되었다.

시간이 흐를수록 예수님은 키와 지혜가 자라가셨다. 어느 날 예수님은 호수 건너편으로 건너가기 위해 크고 멋진 배가 아닌, 작고 초라한 낚싯배를 선택하셨다. 이 낚싯배는 떡갈나무로 만든 것이었다. 떡갈나무는 위대한 왕을 태우고 바다를 건너고 싶었으나 하나님은 더 좋은 계획이 있으셨다. 이제 떡갈나무는 만왕의 왕을 태우게 되었다.

또 몇 년 세월이 흘렀다. 몇몇 로마 병사들이 그 소나무가 버려진 쓰레기 더미에서 뭔가를 부지런히 찾고 있었다. 이에 소나무는 곧 땔감 신세가 되겠거니 생각했다. 하지만 놀랍게도 병사들은 소나무를 작은 두 조각으로 쪼개 십자가를 만들었다. 그리하여 그 소나무에 예수님이 매달리시게 되었다. 이 소나무는 오늘날까지도 사람들에게 하나님의 사랑과 연민을 보여주고 있다.

이 이야기의 핵심은 이렇다. 세 나무는 모두 자신의 가치를 상실했다고, 여기서 다 끝났다고 생각했다. 그러나 결국 이 나무들은 이 세상에서 가장 놀라운 이야기의 중요한 부분이 되었다. 하나님은 우리 인간의 가치와 잠재력을 아신다. 우리는 지금 일어나고 있는 일을 다 알지 못한다. 하지만 하나님이 우리의 삶을 다스리시고 위대한 계획과 목적을 가지고 계시니 고개를 높이 들라. 우리가 원하는 그대로 인생이 펼쳐지지 않더라도 성경은 하나님의 방법이 우리의 방법보다 훨씬 더 좋고 뛰어나다고 말한다. 심지어 다른 모든 사람이 우리를 거부해도 하나님이 우리 앞에서 그 능하신 팔을 넓게 펴고 계심을 명심하라. 하나님은 언제나 우리를 영접하시고 우리의 가치를 인정해 주신다. 하나님의 눈에는 항상 우리의 두 걸음이 보이신다. 우리는 하나님의 소중한 자녀이다.

우리가 어떤 삶을 살았든지, 얼마나 많은 실망을 경험했든지 하나님이 보시기에 우리의 가치는 항상 처음과 똑같다. 하나님이 보시기에 언제나 우리는 눈에 넣어도 아프지 않을 만큼 귀한 존재다. 하나님이 절대 우리를 포기하지 않으시니 스스로 자포자기하지 말자.

숲 가꾸기와 천 년 삼나무 지킴

『나무를 심은 사람』(장 지오노 저/ 두레아이들)을 읽었다. 약 40여 년 전 주인공 '엘제아르 부피에' 노인은 여행자들의 발길이 닿지 않은 높은 곳으로 긴 여행을 떠났다. 지방을 길게 가로질러 사흘 동안 걷고 나니 황폐하기 그지없는 곳이 나왔다. 샘이 하나 있었지만 바닥은 말라붙어 있었다. 생명은 이미 사라지고 없었다. 목적지에 이르자 노인은 쇠막대기를 땅에 꽂기 시작했다. 그렇게 해서 구멍을 뚫고 도토리 하나를 넣은 다음 흙을 덮었다. 참나무를 심고 있었다. 그 땅이 누구 것인지는 관심이 없었다. 노인은 그렇게 100개의 도토리를 정성껏 심었다. … 노인은 3년 전부터 이 적막한 곳에 나무를 계속 심어 왔다. 이미 10만 개의 도토리를 심었고, 그 10만 개 중 2만 개가 싹이 터 참나무로 잘 자라고 있다. 노인은 꾸준히 계속하여 도토리를 심었던 것이다. 1910년에 심은 도토리는 참나무는 10년 돼

노인보다 키가 크게 자랐다. 가슴이 설렌다. 노인은 숲 가꾸기 자신의 뜻을 실천에 옮겼다. 어깨높이까지 자란 '너도밤나무'가 끝없이 펼쳐있는 것이 그 증거였다. 일상의 꿈과 이상을 하루하루 실천하다 보면 결국 비범한 결과를 얻게 되는 것이다.

노인은 자기가 심은 자작나무 숲도 보여 주며 자랑하였다. 노인은 그저 자신이 할 일을 꾸준히 해 나갈 뿐이다. 마을로 내려오다가 오랜 세월 동안 말라 있던 도랑에 물이 흐르고 있는 것을 보았다. 이렇게 멋진 변화는 처음 보았다. 하지만 그 변화가 아주 천천히 일어났기 때문에 사람들은 예사로운 일로 생각하였다. 고결하고 그지없는 일을 그토록 우직하게 계속하다니…. 모든 것이 변했다. 심지어 깨끗한 공기 희망과 꿈이 우리 앞에 펼쳐지고 있다. 이제는 살기 좋은 곳이 된 것이다. 숲속에 마을들이 되살아나 즐거운 생활로 몰라보게 달라진 토박이들과 새로 온 사람들 모두 모두 단합하여 만 명이 넘는 사람들이 '엘제아르 부피에' 노인 덕분에 행복하게 살고 있다. 위대한 꿈과 이상으로 오직 한 가지 일에만 일생을 바친 고결한 실천이 없었다면 불가능했을 것이다.

천년 된 삼나무를 지켜내듯….

1997년 12월 10일에 '줄리아 버터플라이 힐'이라는 23세 된 처녀가 61m 나무 위로 올라갔다. 벌목 위기에 처한 천년 된 삼나무 '루나'를 지키기 위해서였다. 그리고 믿을 수 없겠지만 그녀는 738일 동안 그 나무 위에서 버텼다. 나무 위로 올라간 지 2년이 지난 1999년 12월 18일에 천년 된 삼나무 '루나'를 영구히 보존한다는 공식적 서류가 작성되고 나서야 그녀는 나무에서 내려왔다. '루나'

주변엔 나무 보호를 위한 6㎡의 영구 완충지대가 만들어졌다. 이렇게 해서 천년 삼나무 '루나'는 벌목 위기에서 벗어나 그 생명을 지킬 수 있었다.

나무 한 그루를 살리려 온몸을 던지는 마음, '루나'라는 이름의 삼나무는 지난 천 년 동안 거센 비바람과 맞서 싸웠고, 수십 차례 이상 일어났을 산불에서도 살아남은 불사조 같은 거목이었다. '루나'의 윗부분은 번개에 맞아 생긴 시커먼 상처로 온통 뒤덮여 있었지만 '루나'는 그 상처 속에서도 생명을 품어 왔고 면면히 생명력을 이어갔다. 결국 이 상처투성이 삼나무는 그 자체가 위대한 생명의 상징이었다.

천년의 모진 세월을 꿋꿋이 이겨 온 '루나'를 지키기 위해 줄리아는 자신의 몸을 아끼지 않았다. 그녀는 '루나'를 지키기 위해 나무 위 60여 미터 높이에서 가로 1.8m 세로 2.4m 크기의 오두막을 짓고 거기서 추위와 공포 그리고 세상의 무관심과 싸웠다. 60여 미터 나무 위에서 맞는 폭풍우는 끔찍했다. 생존을 위협하기에 충분했다. 더구나 '루나'를 베려던 목재 회사는 나무 바로 위로 헬리콥터를 띄워 강력한 바람과 함께 위압적인 위협도 가했다. 하지만 '줄리아'는 이에 굴하지 않았다. 2년여를 나무 위에서 살면서 '줄리아'의 손과 발에는 마치 '루나'의 옹이처럼 굳은살이 박혔다. 그리고 동상에 걸렸다 풀렸다를 반복했다. 손가락과 발가락에는 갈색과 초록색 물이 들었다. 갈색 물은 나무껍질 때문이었고, 초록색 물은 이끼 때문이었다. 줄리아는 이처럼 고통을 감내하면서 점점 '루나'와 한 몸이 돼 갔다.

자신의 몸을 사리지 않고 '루나'를 지킨 '줄리아'는 본래부터 환경운동가가 아니었다. 그녀는 뭘 하네 하며 스스로를 내세우는 스타일도 아니었다. 그저 트레일러를 끌고 전국을 순회하며 목회하던 전도사 아버지를 따라다닌 덕에 어려서부터 나무와 숲의 소중함을 익히 알고 있었을 뿐이었다. 또한 소중한 것을 지키려면 대가를 치러야 한다는 것도 알고 있었다.

'루나'라는 천년 된 삼나무를 지키려고 젊은 여성이 2년 가까이 나무 위 생활을 지속하고 있다는 소식일 알려지자 각종 언론이 줄리아에게 접근하기 시작했다. 로스앤젤레스타임스, 뉴스위크, 피플지 등이 '루나' 위에 살고 있는 줄리아의 이야기를 다뤘다. 생방송으로 진행되는 라디오에서도 줄리아와 전화 통화하기 위해 애를 썼다. 처음에는 그저 호기심의 눈길이었다. 하지만 진심이면 통하고 정심(正心)이면 뚫는다고 하지 않았던가. 줄리아의 진정성은 사람들을 감동시키고 움직이기 시작했다. 그리고 줄리아의 온몸을 던진 호소는 사람들의 무관심을 깨우고 그로 인해 형성된 여론의 압력은 퍼시픽 목재 회사로 하여금 '루나'를 살리겠다는 공식적인 선언을 하도록 이끌었다. 스물세 살 처녀의 목숨 건 노력이 통한 것이다.

결국 줄리아는 자신의 삶을 걸고 천년 된 삼나무 '루나'를 지켜냈다. '루나'에 담긴 생명의 가치를 확신했기 때문이다. 그렇다면 우리는 어떤가. 내 삶의 소중한 것을 잘 지켜내고 잇는가. 그것들을 지키기 위해 목숨을 걸고 있는가. 아니 혹 지금 무엇을 지켜내야 할지조차 모르고 있는 것은 아닌가. 지금 스스로에게 되물어 볼 일이다.

『연간대표수필선집』 제33호(2019년)

금강산에 얽힌 사연

일찍이 우리 조상들은 '금강산을 보기 전에는 천하의 산수를 말하지 말라'고 했으며, 심지어 중국인까지도 '원컨대 고려국에 태어나 금강산을 한번 보았으면' 하였다 하니 금강산이야말로 국내외가 동경하는 천하의 명산이라 할 수 있다.

강릉 출신 정항교(鄭亢敎) 님은 율곡 선생의 시문학을 연구하다가 선생의 「풍악행」에 전념했다. 번역과 해석 내용 전모까지 검토 발표하였다. 그의 저서 『율곡선생 금강산 답사기』를 번해한 저자다. 본 저서의 앞부분에 제일 먼저 다룬 글이 위 제목의 기행의 글이다.

본 제목의 글을 쓰게 된 동기는 동국대학교 대학원 논문 지도 교수였던 석전 이병주 박사의 금강산 등반에 얽힌 회고담을 빌려 엮어 보았다고 했다. 이는 율곡 선생의 금강산 답사기에서 시를 이해함에 진실성을 보충하기 위한 배려이기도 했다.

천하 명산으로 일컬어지는 금강산은 6·25 한국전쟁 직후 생긴 휴전선으로 인하여 왕래할 수 없는 산이 되었다. 그래서 최북단 고성 통일 전망대에서 북녘을 바라보며 한탄하기를 "오늘에 저 하늘의 흰 구름은 오고 가건만, 내 어이 가지 못하고 바라만 보는 그리운 금강산이여!"(저만치 금강산의 구선봉과 해금강이 보인다.) 이제 금강산에 얽힌 여러 가지 사연(기행소감)을 펼쳐 보고자 한다.

내금강은 금강산의 서남쪽으로 산이 화강암으로 이루어졌다. 소나무와 단풍이 흰 바위를 돋보이게 하고 맑은 시냇물이 쏟아져 흐르기 때문에 한여름에도 시원하며 여관에 들어 베개를 베고 누우면 드높은 물소리에 귀가 멍멍해질 지경이었다. 금강산 대 사찰이자 국 30본산의 하나인 장안사(長安寺)는 그 규모가 대단해서 임진란(1592) 전후에는 멋진 구름 다리까지 놓였고 다락집도 2층이었는데 일제 강점기에는 경내는 넓어도 옛 정담스러운 모습은 지니지 못하였구나. 지금은 모두 전각이 타 버리고 그 자리만 덩그렇게 남아 있다고 전한다.

장안사(長安寺)를 뒤로하고 만폭동의 소쿠라지며 흐르는 물소리에 귀가 먹먹한 채 오르노라면 고등학교 시절 국어 선생님께 재미있게 배웠고 교직 시절 열심히 가르쳤던 가사문학의 대가 송강(松江) 정철(鄭澈, 1536-1616)의 「관동별곡」 구절이 생각난다.

"백천동 곁에 두고, 만폭동 들어가니,
은(銀) 같은 무지개, 옥(玉) 같은 용의 꼬리

섯돌며 뿜는 소리 십리에 잦았으니
들을제는 우레러니 보니까 눈(雪)이로다"

한국전쟁 중에 온전히 남았다는 표훈사(表訓寺)를 지나고 만폭동 물살을 거슬러 오르면 바른편에 이 세상에 저지른 모든 악업이 그대로 비친다는 업경대(業鏡臺)에 오르게 된다. 거대한 거울처럼 생긴 바위에는 죄지은 이가 그 앞에 서면 자신도 모르게 지난 일이 회상된다고 한다.

일찍이 고려 대표적인 시인 익재(益齋) 이제현(李齊賢 1287-1367)의 오언절구 「金剛二絶」에서 '보덕굴'을 다음과 같이 읊었다.

"모퉁이서 그늘 바람 불어 닥치고, 시냇물은 깊어서 물빛 더욱 파랗다.
지팡이에 기대어 마루턱 바라보니, 나는 듯한 추녀가 나무아 구름을 탔네"

여기서 얼마 정도 오르면 고려 시대 나옹선사가 직접 새겼다는 묘길상(妙吉祥) 국내 최대의 마애불이 있다. 다음은 마하연에 이르게 된다. 우리나라에서 사찰을 표현할 때 사용하는 암·사·굴을 쓰지 않고 '연'이라고 한 것이 특이하다. 고려 시인 익재는 '마하연'을 다음과 같이 읊었다.

"햇살은 대낮인데 산중이라서, 이슬에 미투리가 흠뻑 젖었네
옛 절이라 스님네 살지 않고, 흰 구름만 뜨락에 가득하구나."

그때는 '마하연' [선(禪)의 상징물의 선방] 스님이 거주하지 않았는데 일제 강점기 때엔 독립투사들의 은신처 역할을 했다.

'보덕암(굴)'은 고려 말기에 지어진 절로 일제 강점기에는 다락밖에 남지 않는데 그 건축이 유별나다. 곧 기둥이 네 개인데 그중 하나는 긴 구리 기둥으로 주추는 밑의 여울져 흐르는 냇가에 놓여 있다. 보덕암은 벼랑에 건물이 있어 더욱 경치가 돋보이는데 낭떠러지 절벽에 어떻게 절간을 마련했는가 싶은 것이 놀랍다.

드디어 금강산 제일봉 비로봉(1638m) 산장이다. 구성동 계곡, 용마석 아래 있으며 바로 왼쪽에 비운의 왕자 마의태자(麻衣太子) 무덤이 있다. 고3 국어 교과서에 소설가 정비석 님의 명산문 산정무한(山情無限)이 생각난다. 태자는 신라 마지막 경순왕의 왕자로 태어나 고려 왕건에게 항복서를 보내자 이를 반대하여 마의를 입고 개골산(금강산)에 들어가 짧은 여생을 마쳤다. 공주의 사랑을 뿌리치고 떠나온 구절이 생각난다. '공주의 섬섬옥수를 뿌리치고 돌아서는 太子의 심정이 어떠했을까 마음이 수수롭다.'고 표현했다.

비로봉 산장에서 일박을 하면 동해 해돋이 장관을 볼 수 있는데 흔히 일출 비경은 양양 낙산사 의상대 일출, 경주 토암산 해돋이, 남해 상주 보리암 금단산에서 국립해상공원 다도해를 굽어보는 일출의 최대로 친다. 금강산 제일봉 비로봉의 일출과는 비교할 수 없다. 동해의 해양성 기후와 서해의 대륙성 기후 영향으로 안개구름 바람이 잦아 여간 운이 좋지 않으면 일출(日出)을 보기가 어렵다. 정송강은 비로봉 꼭대기에서 일만 이천봉을 바라보면서 연이어 송강 정철(鄭澈)은 감탄하며 다음과 같이 읊었다.

"어와 조화옹이 부산하기도 부산하구나
날거든 뛰지나 말고 섰거든 솟지나 말라
연꽃을 꽂아는 듯 백옥을 묶었는 듯
동해를 박차는 듯 북극을 고였는 듯
높을시고 망고대 외로울사 혈망봉
하늘에 치밀어 무슨 말씀 사뢰려고
천만년이 지나도록 굽힐 줄을 모르느냐
어와 너여이고 너 같이 또 있는가"

즉흥적 감탄을 환성으로 뇌아고 연달아 공자의 말씀을 빌려 자기의 심금을 털어놓았다.

비로봉 상상두에 올라본 이 그 누구신고
동산 태산이 어느 것이 높단 말고
우리는 노나라의 좁은 줄도 모르거든
넓고 넓은 천하 어지하여 적단 말고

*등동산이소노국(登東山而小魯國)
등태산이소천하(登泰山而小天下)라

또한 시조 시인 노산 이은상(李殷相 1903-1982)은 금강기행 「비로봉」에서 다음과 같이 읊었다.

땀으로 젖은 옷을 잔풍에 식히더니

세우에 다시 젖다 염량(炎凉)에 되 마르니
조화를 몸에 입은 양 마음 느껴 하노라

비로봉에서 가파른 비탈길을 내려오면 천둥소리에 하늘이 무너지는 듯한 착각을 자아내게 하는 구룡폭포(금강산 4대 폭포의 하나로 천연기념물로 지정)에 이른다. 용이 되어 하늘에 오른다는 화룡소가 여기다.

우리나라 폭포는 설악산의 비룡폭포와 토왕성폭포가 있고 제주 서귀포 천제연폭포가 있고 개성 송악산 기슭에 박연폭포가 있지만 백두산 천지에서 흘러온 물이 쏟아져 장관을 이루는 장백폭포만은 못하다.

여기 구룡폭포는 물줄기가 54.7m이고 그 폭포가 떨어진 밑에는 바위가 파여 깊은 웅덩이인 구룡연이 되었는데 그 길이가 13m에 달한다. 떨어지는 물줄기로 안개를 이뤄 그 장관은 금강산 최고의 폭포라 할 수 있다.

송강(松江)은 다시 목청을 가다듬어 음성을 높여 노래했다.

천심 절벽 반공에 세워두고
은하수 한 줄기를 마디마다 베어내어
실과 같이 펼쳐서 베와 같이 걸었으니
「도경」 열두 굽이 내 봄에는 여럿이라
이적선(李謫仙) 이제 있어 다시 의논하게 되면
여산이 여기보다 낫단 말 못 하려니.
– 이적선: 이백, 태백(AD 702-762)

구룡연에서 엄청난 장관에 팔려 내려오다 보니 이름조차 아름다운 연주암과 옥류동을 거쳐 신계사(新溪寺: 신라 법흥왕 때 보운조사가 창건했다고 전함)를 지나 내려오면 외금강과 해금강 탐승의 근거지 온정리(溫井里)에 도착하게 된다. 1920년 사진 신계사와 온정리 전경이 매우 인상적이었다. 아름다운 경관과 사연들을 문예적 표현도 아름답고 감동적이었다. 오래 오래도록 기억에 남을 수 있는 추억담을 마무리하며 소망하는 바는 남북한이 평화로운 통일을 이루어 자유롭게 왕래하며 사는 날이 오기를 기원하노라.

세 가지 물결 앞에서

지구촌에서 일어나고 있는 세 가지 거대한 물결에 눈을 돌리고 우리 대응을 생각할 때다.

첫째 물결은 역사의 주도 세력이 바뀌고 있다는 점이다. 지난 300여 년간 이 지구촌의 역사는 구미 국가들에 의하여 주도돼 왔다. 이제 그 세력이 신흥국들로 다변화되고 있으며, 아마도 우리 세대 안에 그 비중이 역전될 것이다. 구미 세력이 더 이상 역사를 주도할 수 있는 경제적 역량을 보유하지 못하고 있기 때문이다. 역사가 보여 주듯이 산더미 같은 빚과 저성장의 늪에 빠져 있으면서 역사를 주도할 수 없다. 지금까지 역사 주도 세력의 인구는 통합하면 8~9억 명 정도에 불과했다. 그러나 앞으로 역사를 주도할 신흥국의 인구는 30억 명이 넘는다. 한국은 이 30억 인구에 대해서는 경제적, 정치적, 문화적으로 선진국의 위상을 가지고 있으며, 그들이 가장 벤치마킹하고 싶은 나라 가운데 하나다. 우리 한국은 지난 50년 동안 소위 선진국을 추종하고 모방하며 발전해 왔다. 그 결과 우리는 의식적 무의식적으로 '추종 멘탈리티'가 깔려 있다. 앞으로 50년은 달라져야 한다. 무엇보다도 우리의 의식을 추종자 멘탈리티에서 '선도자 멘탈리티'로 변화해야 한다. 적극적인 열린 세계관, 도전적인 교류와 지원, 선진국다운 제도와 관행으로 이들로부터 존경받아야 하고 그를 기반으로 한국이 앞장서 그들과 함께 역사 발전을 이끌어가야 한다.

둘째 물결은 이 세상이 그동안의 엘리트 주도 사회에서 진정한 시민 주도 사회로 확실히 변화하고 있다는 것이다. 지구촌은 거의 3,000년 만에 아테네에 있었던 직접 민주주의 새로운 비전을 경험하고 있다. 휴대전화와 SNS 등의 모바일 혁명은 지리적 장벽을 모조리 없애 버렸고 모두가 동시에 참여하는 의사 결정을 가능하게 하고 있다. 또 이 혁명은 한 개인의 실질적 권력을 정부의 어느 권력자 못지 않게 강력한 것으로 만들고 있다. 누구의 입도 이제 막을 수 없고 따라서 당당하지 않은 결정을 숨길 방법은 거의 없어져 버렸다. 자연히 이제 투명성이 사회 모든 작용을 지탱하는 근본 속성이 돼 버렸다. 이렇게 전 시민 사회가 완전히 소통하는 새로운 패러다임 하에서는 정치의 기본 패러다임도 바뀌어야 한다. 야합과 타협이 주도하던 정치 문화로부터 이제 전 국민을 대상으로 한 설득과 소통이 주도하는 정치문화로 바뀌어야 하며, 이제 무엇보다 그것을 할 수 있는 사람이 지도자가 되어야 한다. 이제는 공개하고 대화할 줄 아는 자가 리드해야 한다.

셋째로는 주지하는 대로 세계를 지배하는 경제 이념의 거대한 변화가 진행되고 있다. 즉, 시장의 만능을 믿었던 자본주의 3.0이 불과 30여 년 만에 끝나고 소위 4.0으로 진행하고 있는 것이다. 2008년 금융위기가 낳은 그 참사를 목격한 세계는 이제 더 이상 시장에 우리의 운명을 맡길 수 없다는 것을 통감하면서 시장과 정부의 새로운 관계 설정, 즉 자본주의 4.0을 모색하고 있다. 아직도 전체적 컨센서스는 없다. 그것은 기업의 존재 이유에 대한 정의다. 한 마디로 기업이 존재 이유를 주주의 이익 극대화에 두던 소위 주주 자본주의를 더 이상 유지해서는 안 되겠다는 것이다. 이제 기업은 주주뿐 아니라 직원, 납품업자, 고객 등 사회의 모든 이해 관계자의 이익을 다 함께 도모해야 한다는 소위 기업의 사회적 책임이 새로운 경제 이념의 핵심에 정위치 되고 있다.

일찍이 이렇게 거대한 물결 세 가지가 한꺼번에 지구촌을 엄습한 경우는 없었다. 그만큼 세상은 과격하게 변하고 있으며 21세기의 승자는 이 세 물결에 제대로 대응한 자가 될 것이다. 세계 선진 대열에 진입한 우리 기업과 사회는 과연 어떻게 대응해야 뒤지지 않고 지속적인 발전을 할 것인가를 심사숙고해 새롭고 과감한 다짐과 결의를 해야 할 것이다.

녹색 의사인 숲(山林)

나무도 사람처럼 마음이 있고
숨 쉬고 뜻도 있고 정도 있지요.
만지고 쓸어주면 춤도 추지만
때리고 꺾으면 눈물 흘리죠.

나무는 사람 마음 알아주는데
사람은 나무 마음 왜 몰라주오.
나무와 사람들 서로 도우면
금수강산 좋은 나라 빛날 것이요.

– 노산 이은상 「나무의 마음」 1연, 4연

인간은 본능적으로 숲을 찾아 걷기를 좋아하는 습성을 지니고 있다, 미국 하버드대학교 윌슨 교수는 이 같은 심리를 '바이오필리아' 가설로 설명한다. 인간은 수백만 년 전 동아프리카 사바나에서 탄생해 숲과 더불어 살아왔다.

그 때문에 숲에 가야만 심리적으로 안정하고, 건강해진다는 이론이다. 그래서 자연을 이용한 '숲 치유'의 효과적인 방법을 연구하였다.

'면역 세포인 NK 세포 증가' 연구 발표

숲 치유는 숲의 환경을 이용해 인체의 면역력을 높인다는 개념이다. 독일, 일본에서 암 환자 치유에 활용하고 있다. 일본 닛폰대 모리모토 교수팀은 2008년 암 환자를 대상으로 숲 치유 효과를 관찰했다. 그 결과 면역 세포인 NK(자연살해) 세포가 증가했다. 반면에 스트레스와 관련이 있는 아드레날린과 노르아드레날린 호르몬은 크게 감소했다. 국내에서도 암 환자의 숲 치유 효과를 확인하는 연구가 시작됐다. 고대 의대 안암병원 통합의학센터와 산림청 산하 국립산림과학원이 공동으로 지난달 말부터 최근까지 경기도 양평 산음치유의 숲에서 암 환자 24명을 대상으로 진행했다. 유방암, 위암, 갑상선암 2, 3기 환자들이 수술 후 치료를 받고 있다.

공동 연구팀은 환자에게 도시 생활과 숲 생활을 일주일씩 하게 한 뒤 신체 건강 변화를 비교했다. 혈액 검사를 통해 NK 세포 수치와 세계보건기구(WHO)가 정한 삶의 질을 평가했다. 또 숲 생활을 할 때 자유롭게 생활한 환자와 식사요법, 운동 치료, 스트레스 관리, 심신 이완 요법, 심리 치료 등 통합의학을 병행한 군(무리)을 나누어 비교했다.

통합의학 이성재 센터장은 중간 분석 결과 숲에서 생활할 때가 도시 생활보다 삶의 질의 지수가 높아졌고, NK 세포도 증가했으며, 유방암 환자 장모(70세) 씨는 수면장애, 불안증, 우울증이 많이 좋아진 것 같다며 만족해했다.

이 교수는 '숲에는 나무에서 내뿜는 피톤치드와 음이온, 새 소리 등 자연환경이 정신을 자극해 스트레스를 감소시키고 심신을 이완시켜 면역력을 높인다.'고 설명했다.

피톤치드는 항염증 작용, 물보라 음이온 방출

숲에는 오감을 자극하는 환경이 가득하다. 숲에 들어서면 향긋한 냄새가 코를 자극한다. 나무에서 뿜어져 나오는 피톤치드 때문이다. 국립산림과학원 유리화 박사는 '피톤치드'는 항균, 항산화, 항염증 작용을 하는 것으로 알려졌다. 천식 폐 건강에도 좋다. 나뭇잎, 계곡물, 새 등 숲의 리듬감이 있는 소리는 신경을 안정시킨다. 스트레스 호르몬인 코르티솔을 줄이고 뇌 활동을 안정화 시킨다. 계곡의 물보라에서는 음이온이 방출된다. 음이온은 부교감 신경을 자극해 신체적 정신적 이완 효과가 있다. 산림과학원 유리화 박사는 '숲은 도시보다 산소 농도가 약 2% 높은 반면 미세 먼지는 최대 몇 천 배 적다.'고 말했다. 나뭇잎이 만들어 낸 간접 햇빛은 비타민 D 합성에 도움을 준다. 행복 호르몬으로 알려진 세로토닌 분비도 늘린다. 숲에 들어서는 순간 우리는 건강을 위하여 샤워하는 셈이다. 이것이 숲 치유다.

독일, 프랑스, 일본, 미국 등 선진국에서 숲 치유가 활성화됐다. 국내에서도 산림청이 치유의 숲을 조성해 프로그램을 운영해 치유의 효과를 확인하고 있다. 국립산림과학원의 연구에 따르면 고혈압 환자는 도시보다 전원의 숲을 거닐 때 혈압이 정상 수준으로 치유되어 평균 수축기 혈압이 128mmHg에서 119mmHg로 떨어졌다고 했다.

가벼운 우울증 환자는 숲에서 심리치료를 시행한 결과 병원에서보다 효과가 높았다. 병원에서 치료받을 때는 20.32였던 우울증 수치가 숲 치유 4주 후에 11.83으로 저하된 것이다. 한국 녹색문화재단과 한국음주문화연구센터가 ADHD 아동 알코올 중독자, 인터넷 중독 청소년을 대상으로 진행한 프로그램에서도 의미 있는 결과를 관찰했다.

이성재 센터장은 '하지만 숲 치유만 맹신해선 안 된다. 의학적인 치료를 받으면서 병행해야 치료 효과를 높이고 부작용을 줄일 수 있다'고 강조했다.

『한국문협』 수필 6월호(2022년)

베어트리파크 수목원

지난해 10월 20일 일찍 우리 새순 합창단 50여 명은 인생 전반 시절처럼 설레는 즐거운 맘으로 가을 나들이에 나섰다. 가을 단풍색 여행 복장 차림으로 기다리고 있는 관광버스와 교회 소형차들을 타고 출발하였다.

인생 후반 여유롭고 건강하게 살고 있으니 이 또한 하나님의 은혜와 사랑이로다. 우리 새순 합창단이 자원하여 조직 활동한 지 13년의 세월이 흘렀다.(2007년 1월 창립) 그 긴 세월 동안 우리 새순 단원들은 늙음 보다는 더 성숙한 건강한 삶을 살고 있다. 말씀과 찬양을 통한 영적 힐링 덕분이다. 오늘은 세종시 베어트리파크(수목원)를 관람하는 기대가 큰 즐거운 날이다. 단원들과 정담과 가을의 아름다운 산천의 풍경을 감상하다 보니 저 멀리 수목원 산이 보인다. 9시 개관 전에 도착하여 여유 있게 입장하여 광범위한 수목원의 즐거운 관람이 시작되었다.

오색 연못에 금붕어 떼 유영이 아름답다. 풍경을 볼 때마다 감탄사가 절로 나온다. 물결치는 나무숲 정성스럽게 잘 가꾸어 놓았구나. 재산을 투자하고 오랜 세월을 아껴 손질한 흔적이 곳곳에 완연히 나타나 우리 관람객을 반겨 주며 자랑하고 있는 듯하다. 사진 찍으랴 구경하랴 생각하고 볼 것이 너무 많다.

본 수목원은 송파 이재연 회장이 설립자다. 면적은 40만㎡(약 12만 평)의 수목원에 송파의 반세기 넘는 인생이 차곡히 쌓여 있다는 사연이다. 2009년 4월 5일 개원하여 10주년(2019. 4. 5)을 맞지만 수목원의 나무 대부분은 50년 전부터 설립자가 손수 기른 자식 같은 존재거나 자식의 자식 같은 내력이 있다. 장남 이선룡(58) 씨에게 수목원 대표를 물려 주었어도 여전히 열심히 가꾸며 일하고 있다.

작업실에서 온종일 화분 갈이를 하거나 구석구석 돌아보며 살핀다. 이 회장은 LG그룹에서 사장을 여러 번 하였으며 40년 넘게 열심히 일했다. 1959년에 결혼을 했다. 그때 한국은행에 입사하였다. 퇴근 후 아내 구자혜(1938~2009)와 집에서 양란을 가꾸었다. 한 포기씩 양란을 구입하여 모으다 보니 집에 작은 온실을 갖게 되었다. 취미로 하는 꽃 가꾸기와 그때 마련한 수목원이 지금 경기도 의왕시에 있었다.

현직에 있을 그때부터 수목원 원장과 겸직을 하였다. 1966년에 땅 2만 평(약 6만6000㎡)을 물려받아 여기가 이 회장의 '인생의 은행'

이었다고 했다. 단풍나무, 은행나무, 소나무 200여 그루를 심고, 농장(수립원)을 가꾸었다. 좋은 나무가 있다면 전국 방방곡곡에서 구입해 왔고, 해외 출장을 가면 씨앗을 받아와 심어서 가꾸고, 일본 동남아 외국에서 사 온 나무가 많다. 현재 베어트리파크 경계에 심은 느티나무는 창경원(지금 창경궁)을 갔다가 느티나무 씨앗을 쓸어 모은 것을 가져와 뿌려서 가꾸었는데 그것이 지금 저 큰 느티나무라고 했다.

세종시로 옮기게 된 것은 의왕시가 개발하기 때문에 옮겼다고 했다. 1989년 힘들지만 옮기는 큰일을 시작했다. 나무를 이식하는 데만 3개월이 걸렸고, 트럭이 1,000여 대 넘게 동원했고, 그 당시 5만 평(약 16만㎡)의 땅을 구입했다. 조금씩 넓히며 확장하여 나갔다. 이곳은 소, 돼지를 키우던 축산 단지여서 직원들이 개척하느라 고생이 많았다고 그 당시 어려움을 이야기하였다. 수목원을 개방하기 전에도 많은 손님들이 찾아왔다. LG 창업주 구인회 회장, 삼성 창업주 이병철 회장, 윤보선 전 대통령, 김종필 전 총리 등 유명인사들이 많이 방문했다고 전하였다. 하루는 김종필 전 총리가 수목원을 둘러보고는 "소나무가 파도를 치는 것 같다"고 하였다. 그래서 아호를 송파(松波)라고 했다.

새순 대원 일행은 제일 잘 조성한 수목원의 이름을 딴 베어트리 정원에 모였다. 꽃밭 1m 정도 단위에 앉은 「생각하는 사람」 조각상 앞에 섰다. 자연 풍경과 우리 관람객을 보고 무슨 생각을 하고 있을까? 프랑스 철학자 데카르트의 "나는 생각한 고로 나는 존재한다" 그러면 생각할 수 없는 상태에 있는 비존재란 말인가? 우리 인생의 삶은 언행이 습관을 습관이 성격을 성격이 품성을 낳는다 했다. 조각상 앞에서 단체 사진을 촬영했다. 담화, 웃음, 즐거움이 넘친다. 다음은 곰(Bear) 이름으로 곰 동산, 반달곰 동산, 곰 조각 공원을 둘러보며 극지의 설원을 누비는 곰이 박제로 모형 조각으로 감상해 볼 뿐이다. 높게 담이 친 곳에서 관람객이 던져주는 당근을 먹으며 가끔씩 재주를 부리며 보답하고 있다. 느린 사람을 곰 같은 미련한 사람이라 하지만 곰쓸개는 만병통치약인 것을 모르는가?

설립자 부부를 상징하는 송파정의 정자 송파원의 정원.

자혜원 입구의 아름다운 꽃밭, 정말 정성스럽게 잘 가꾸었다. 전망대에서 바라보는 수목원은 풍경미의 절경이며 나무숲 물결이다.

송파랜드: 자연을 사랑하였기에 두 분은 자연과 더불어 살아왔다. 사랑과 꿈을 자연 속에 폈다. 송파 이재연 회장과 구자혜 여사 두 분의 꿈을 오늘 아름다운 자연을 재창조로 영글었다. 풀과 꽃, 나무와 못과 조각, 산 짐승, 날 짐승, 물고기에 이르기까지 정성과 땀이 서려 있지 않은 곳이 없이 충만하여라.

설립자 부부 동상 옆 대리석에 새긴 글을 옮겨 적는다.

이제 두 분의 자연 사랑은 실존하는 표상으로 승화하고 있습니다.

이곳 환경과 조화된 공간, 자연이 살아 숨 쉬는 송파랜드는 보다 나은 인간(人間)의 미래를 선보여 줍니다.

2001년 6월 13일

결혼 42주년 기념일에 가족 일동 건립

여름 죽림(竹林) 숲길

호젓한 분위기 대숲 길.

대나무 숲(대숲)은 한여름의 천연 해열제다. 산림청 국립과학원에 따르면 국내에는 여의도 면적의 83배에 달하는 241.11㎢의 대숲이 있다 하지만 사람이 접근할 수 있는 여행지로 다듬어진 대숲은 많지 않다. 1980년대 대나무 산업 쇠퇴로 대나무도 자원도 방치됐다. 대숲의 가치를 재발견한 것은 겨우 2,000년대를 들어서였다. 한적한 분위기에서 죽림욕을 즐길 만한 대숲 몇 군데를 살펴보았다.

먼저 거제 대나무 세 뿌리가 일군 기적 이야기를 들어보자.

1927년 경남 거제군(현 거제시) 하청면 신용우 면장은 일본에 산업 시찰 나섰다가 대나무 세 뿌리를 얻었다. 고향에 돌아와 대나무를 심고, 대나무는 사람의 손을 타지 않고는 군락을 이루어 숲이 된다. 바로 그 자리에 조성한 대나무 테마파크가 거제 맹종죽테마파크를 이루었다. 면적 10만㎡에 이르는 숲에 대나무 3만 그루가 무성히 자라고 있다. 대숲 지분을 가진 지주 19명이 합심해 2012년 개장했다. 산책길을 따라 걷는 데만 한 시간 걸린다. 한 해 10만 명의 여행객이 찾아오는데 단체 손님이 없는 주말이 오히려 한산하다.

'맹종죽'은 한국에서 볼 수 있는 대나무 중 가장 굵은 대나무 종이다. 전남 담양에 가장 흔한 대나무 종인 '솜대'의 직경이 10cm 정도인데 반해 맹종은 30cm에 이르는 것도 흔하다. 맹종죽테마파크는 맹종죽 재배지로, 전국에 자생하는 맹종죽의 80%가 이곳에서 자란다. 여황진 맹종죽테마파크의 관리인은 "날씨가 온화하고 사시사철 해풍이 부는 거제도 기후가 맹종죽 생장에 좋다."고 설명하였다.

다음 대숲 군락지는 하동 맨발로 산책하는 죽림욕.

2016년 4월에 개장한 경기도 용인 에버랜드 판다월드는 국내 유일의 자이언트 판다 부부 아이바오와 러바오의 보금자리다. 한 마리가 하루에 먹는 대나무 양만 15~20kg에 이르는데 먹이를 경남 하동에서 공수해 간다. 섬진강과 지리산을 곁에 둔 하동에서는 주변 오염원이 거의 없어 청정한 대숲을 얻을 수 있다, 하지만 하동에서 대숲 여행지로 유명한 곳은 없다. 하동 대숲 대부분이 자연림이라 여행객이 일부러 찾아 걸을 만한 산책코스가 적기 때문이다. 이런 하동에서 대숲의 매력을 느낄 수 있는 곳이 하동군 하동읍 하동공원이다.

2003년에 조성한 하동공원은 16만㎡에 이르는데 공원 한편에 사시사철 푸른 대나무 군락지가 있다. 산책길이 없어 접근이 힘들었는데 2015년 군락 안에 길을 조성했다. 섬죽로로 이름한 산책로가 510m 이어져 있다. 부드러운 마사토가 깔려 있어 맨발로 걸어도 좋다. 섬죽로를 빠져나와 하동공원 꼭대기 충혼탑에 다다르면 하동 시내와 섬진강이 보인다.

담양은 한국의 죽향(竹鄕), 죽녹원.

담양에 있는 대숲 면적을 모두 합하면 전국 대숲의 4분의 1에 이른다. 담양에서도 첫 손에 꼽히는 대나무 여행지는 2003년 개장한 대나무 테마파크 죽녹원(16만㎡)이다. 하지만 한 해 120만 명 이상이 찾다 보니 대숲의 정취를 즐기기 어렵다.

보다 한적한 대숲을 찾는다면 전남일보 기자였던 신복진(2010년 작고) 씨가 정년퇴직 후 가꾼 대나무골 테마공원으로 방향을 잡아도 좋다. 반듯반듯하게 정돈된 죽녹원에 비해 자연 그대로의 숲 느낌을 준다. 산책하면서 맹종죽, 분죽, 왕대, 오죽, 조릿대 등 다양한 대나무를 비교하여 보는 재미도 있다. 10만㎡ 부지에 대숲, 소나무숲, 잔디밭 구역이 나뉘어 있는데 한 바퀴 둘러 보는데, 40분이 걸린다.

『나의 문화유산 답사기』에서 국내 삼대 정원으로 선정된 '소쇄원' 입구에도 대나무 길이 있다. 대숲 오솔길을 지나면 '소쇄원'의 정자와 계곡이 하나, 둘 모습을 드러낸다.

『수필문학』 1, 2월호(2022년)

대왕목의 기를 받아

서울에서 2시간 거리인 양평, 양평으로 주말 나들이를 떠나는 사람들이 많다. 양평하면 빼놓을 수 없는 것이 바로 용문산이다. 관문의 기운을 담고 있다는 용문산에는 동양에서 가장 오래된 은행나무가 있다. 이 은행나무 앞에서 소원을 빌면 이루어진다는 이야기가 전해지면서 방문객들이 문전성시를 이룬다. 용문산에는 용문사(龍門寺)라는 절이 있다. 신라 선덕왕 때 창건한 절인 만큼 용문산과 함께 천년이 넘는 세월 동안 우리나라 역사를 지켜왔다고 해도 과언이 아니다.

먼저 용문사에 얽힌 문인 조욱 선생의 시를 소개하겠다.

용문사로 돌아오는 길에 눈(雪)을 만나
봄바람에 눈을 뿌려 옷깃을 적시는데
여윈 발을 채찍질하여 산 허리에 오르네

깊은 골짝 층층구름 옛길 희미하고
맑은 풍경소리 찾아가니 절문이 보이는구나.

이 시는 조선 중기 조광조(1482~1519)의 문인 조욱(1498~1557) 선생의 시다. 덕동 골짜기 입구에 있는 세심정자의 주인이다. 이곳 평양 조 씨의 입향조다.

경기도 지자체마다 그 지역을 대표하는 8경이 있다. 양평은 용문사 천년 은행나무, 두물머리 느티나무와 황포 돛단배, 세미원 장독대 분수대와 연꽃 식재지, 석창원 등 북한강 물안개, 남한강 자전거길 전망대, 백운봉 정상, 양평생활체육공원, 화서 이항로 생가, 구둔역 등 둘러볼 곳이 많다.

그중에서 경기도 영산으로 불리는 용문산(龍門山)은 경기의 금강산으로 불릴 만큼 고산다운 풍모와 기암괴석을 두루 갖추고 있다. 어떤 이는 용문산 정상을 봉황의 머리 부분에 비유한다. 부리는 장군봉, 함왕봉 지나 백운봉, 몸통을 문례봉(폭산, 천사봉)이라고 걸면 오른쪽 날개 부분이 유명산 소구니산, 대부산, 어부산, 용천산, 중미봉이 해당된다. 그리고 왼쪽 날개 부분이 용문봉, 용조봉, 중원산 도일봉까지이고 꼬리 부분이 이름 그대로 봉미산(봉황의 꼬리)이니 서쪽으로 머리를 향한 봉황새에 비유하고 있을 만큼 용문산은 경관이 수려한 곳으로도 손색이 없다.

용문산의 원래 이름은 미지산(彌智山)이라고 전해온다. 미지는 미리의 옛 형태이고 미리는 경상도, 제주도 지방의 용의 방언이고 보면 용과 연관이 있다. 용의 옛말인 미르와도 비슷하다. 미지산에서 지금의 용문산(龍門山)으로 이름이 언제 바뀌었는지는 정확하지는 않지만 조선 태조 이성계가 용이 날개를 달고 드나드는 산이라고 해서 용문산이라고 부르기 시작했다는 설화가 전해지고 있다.

오랜 역사의 산증인 천왕목(天王木).

용문산에는 빼놓을 수 없는 것이 바로 용문사 대웅전 앞에 있는 은행나무이다. 양평의 자랑거리로 꼽히는 용문사 은행나무는 우리나라에서 생존하고 있는 은행나무 중에 가장 크고 오래된 것으로 용문사 대웅전 앞에 위치하고 있다. 수명은 약 1100~1500년으로 추정되며 높이 42m, 밑둥 둘레가 14m로 보는 사람들의 탄성을 자아낸다.

은행나무는 역사가 깊은 만큼 전해지는 이야기도 여러 가지가 있다. 신라 마지막 왕인 경순왕이 그의 스승인 대경대사를 찾아와 심은 것이라는 설, 경순왕의 세자 마의태자가 나라를 잃은 설움을 안고 금강산으로 가던 도중 심은 것이라는 설, 신라의 고승 의상대사가 짚고 다니던 지팡이를 꽂아 놓은 것이 뿌리내려 지금의 은행나무로 자랐다는 설 등이 전해지고 있다.

은행나무가 자라는 동안 많은 전쟁과 화재가 있었으나 이 나무만은 그 화들을 면했다고 한다. 사천왕전(四天王殿)이 불탄 뒤부터는 이 나무를 천왕목(天王木)으로 삼고 있다. 이 나무는 나라에 큰일이 있을 때마다 소리를 내어 그 변고를 알렸다고 할 정도로 신령스런 나무로 인식되어 숭배의 대상이 되고 있다. 조선 세종 때는 정삼품(正三品)보다 더 높은 당산직첩(堂山職牒)을 하사 받은 명목(名木)이다.

은행나무는 사람들에게 소원성취를 위한 믿음의 상징과도 같다. 옛날에는 은행잎이 싹트는 모양에 따라 그해 농사의 길흉을 점쳤고 나무가 많이 울면 마을에 재앙이 온다거나 도끼질을 하면 피가 나온다는 등의 속설이 있었다. 또한 전염병이 돌면 이 나무에 기도를 하여 퇴치하기도 하고 자식이 없으면 치성을 드려 자식을 얻을 수 있다고 믿는 신목(神木)으로 불리기도 했다.

우리나라 용문산 은행나무는 오랜 세월 동안 조상들의 관심과 보살핌 가운데 살아온 나무이다. 생물학적 자료로서도 가치가 높아 천연기념물로 지정받아 보호하고 있으며 앞으로도 지켜야 할 소중한 문화유산이다.

다랑논과 바래길

봄기운이 한창인 4월 하순 우리 성지회 가족들과 함께 봄나들이 여행을 떠났다. 연초록빛 산야에 울긋불긋한 꽃의 산수화 펼쳐진 길 따라 남으로 달렸다. 아름다운 풍경과 포근한 마음, 정든 분들과 옛 현직 때 추억담은 끝이 없어라. 매년 봄·가을 나들이 여정은 기다려지며 또 잊을 수 없는 아름다운 새로운 추억으로 남아 기억되겠지요.

드디어 몇 시간 아름다운 봄의 풍경화를 감상하며 달렸다. 저 멀리 남해대교와 거북선이 보인다. 너른 바다를 품은 남해 다도해다.

초록 넘실대는 다랑논(계단식논)들은 구불구불 해안선을 따라 유선형으로 이리저리 휜 논들은 크기도 너비도 모두 제각각이다. 시원하게 트인 푸른 바다와 초록의 마늘밭은 보기는 좋지만 다랑논까지 가기도 전에 마을길이 급경사라다리를 후들거리게 한다. 경사진 골목과 다랑논처럼 층층이 지어진 집들을 따라 해안가로 내려선다. 올려다보면 내려온 길이 까마득하다. 설흘산과 응봉산자락은 남해 바다와 닿아 있고 산기슭 경사진 곳에 다랑논이 있다. 척박한 환경 속에서 농사를 짓기 위해 선조들이 일구어 낸 100여 층의 다랑논은 그 경관이 아름다워 지난 2005년에 명승 15호로 지정되었다.

마을 길 따라 걸으며 만나는 다랑논은 어떤 것은 널찍하여 시원하고 어떤 것은 소 한 마리 들어갈 정도로 작다. 남해 특산품인 마늘이 가득 채워졌다. 지금은 뽑는 작업이 한창이다. 마늘종은 마늘의 꽃대다. 이맘때 남해를 지나면 바다를 향한 들판이 온통 푸른 마늘밭이다.

'바래'는 바다에 조개를 캐거나 해조류를 채취하러 가는 것을 일컫는 남해 사투리다. 남해 사람들이 오가던 해안가 길과 마을과 마을을 오가는 숲길을 이어 걷도록 했다.

현재 바래길은 10~18km 구간으로 10개의 코스가 소개되고 있고 그중 3개의 코스는 완전히 개통되지 않았다. 가천 다랭이마을에서 바래길 2코스인 앵강다 숲길이 시작된다. 전체 구간은 용문사를 거쳐 벽련마을까지 앵강만을 끼고 걷는 18km 거리다. 6시간 정도 걸어야 한다. 다랭이마을에서 홍현해라우지마을까지 약 4km 남짓한 길은 바래길 맛보기 코스다.

남해 이국적인 풍경의 정점이다. 다랑논과 바래길이 남해의 자연풍경을 감상하는 시간이라면 남해 이국적인 풍경도 챙겨봐야 한다.

남해군 하동면의 '원예 예술촌'은 예술인들이 모여 원예 사업을 경영하고 있다. 일본풍 · 프랑스풍 · 핀란드풍 · 뉴질랜드풍의 다양한 국가들을 테마로 집과 정원을 만들었다. 테마 공원처럼 돌아보기 좋게 조성되었다.

나가는 언덕 아래는 '독일인 마을'이 조성돼 있다. 1960대 한국과 처지가 같은 서독에 차관 교섭이 결실을 봤다. 광부 500명과 간호사를 보내는 조건이었다. 박정희 대통령께서 1963년 11월 광부 500명과 간호사 일진을 파견했다. 서독 반응은 근면, 성실, 열성적이라고 호평을 했다. 1년 후 하인리히 뤼브케 대통령은 국빈 전용 항공기를 보내 박 대통령을 초청했다. 1964년 12월 10일 보내준 전용기로 서독 방문길에 올랐다. 도착 후 제일 먼저 파송 광부들이 일하는 함브론(Hambrn) 탄광에서 그들을 만났다. 애국가를 부를 때 울음바다가 되었다. 박 대통령은 연설을 시작했다. "사랑하는 여러분 만리 타향에서 이렇게 상봉하게 되니 감개무량합니다. 조국을 떠나 이역만리 남의 땅 탄광 속에서 얼마나 노고가 많으십니까?" 울먹이느라 연설을 중단할 정도였다. 옆자리에서 지켜보던 뤼브케 대통령도 눈물을 흘렸다. 이후 박 대통령에게 "우리 분단된 두 나라가 함께 협력해서 경제 부흥을 합시다. 공산주의 체제를 이기는 길은 경제 부흥뿐입니다. 힘을 냅시다."라고 위로와 격려의 말을 했다. 함브론 탄광의 박 대통령의 눈물의 연설은 큰 힘을 얻은 것이다.

1960년대 국내 젊은이들이 독일로 일자리를 찾아 떠났다. 간호사와 광부로 살며 30여 년의 세월을 타국에서 살며 고국을 그리워하던 그들에게 2003년 고국으로 돌아와 살 수 있는 기회가 주어졌다. 그들이 남해에 정착하고 독일 생활양식을 남해로 옮겨 살면서 지금 황색지붕 마을을 형성하여 잘 살고 있으니 감사한 일이다. 그들의 노고와 희생으로 경제의 기반을 튼튼히 하여 '한강의 기적'을 이루어 부흥하여 부상하는 국가로 성장 발전한 것이다.

3

독립기념관에서 만난 투사들

3.1운동 100주년 간송 특별전

일제 강점기인 1935년, 일본 골동계 인사들이 하나같이 군침을 흘리는 매물이 있었다. 이른바 고려청자 '천학매병'. 개성 근교에서 발굴된 이 청자는 골동 거간들의 손을 거쳐 시장에 나왔는데 가격이 몹시 높았다. 총독부 박물관에서도 가격이 높아 손을 대지 못했을 정도다. 그런데 일본 상인들이 큰 충격을 받은 일이 벌어졌다. 이 청자를 나이 서른도 안 된 식민지 청년이 2만 원의 대금을 치르고 사들인 것이다. 이 청년이 간송 전형필(1906~1962)이었다. 그는 일제 강점기에 빼어난 안목으로 우리 문화재 가치를 알아보고 이를 지켜낸 문화재 수집가이자 보성 중고등학교 동성학원 설립자다.

당시 2만 원은 서울 장안에 쓸 만한 기와집 열 채를 살 수 있는 값이었다. 이 청자를 놓친 일본인 아미이캐는 간송에게 거래를 제안했다. "그 물건값은 몇 배 지불하겠소."

그러자 간송은 이렇게 대답했다고 한다. "이 천학매병보다 더 좋은 물건을 저한테 가져다주시고 이 매병을 본 금에 가져가시지요. 저도 대가는 남만치 치를 용의가 있습니다." 청자를 절대로 내줄 수 없다는 옹골찬 다짐이었다. 이 청자가 국보 68호, 고려 상감 청자의 '백미'로 꼽히는 '청자상감운학문매병'이다

1년 뒤인 36년 간송은 경성미술 구락부 경매에서 또 한 번 일본인을 놀라게 한다. 매물로 나온 조선 도자기의 대표 명품 백자(국보 294호)를 14,580원이라는 거금을 불러 일본인 거상들을 물리치고 낙찰받은 것이다. 당시 명동 한복판에 자리한 경성미술 구락부는 일제 강점기 최대의 미술품 매매 기관으로, 합법적인 문화재 반출구나 마찬가지였다. 그러나 간송에게는 이곳은 우리 문화재를 지키기 위해 매번 전쟁을 치르는 최전선이었다. 간송은 여기서 멈추지 않고, 이듬해엔 영국인 수집가 '존 개스비'로부터 고려청자 20점(개스비 컬렉션)을 인수했다. 서울의 기와집 400채를 사들일 수 있는 가격이었다.

일제 강점기에 간송이 지켜낸 청자와 백자, 개스비 컬렉션이 서울 동대문디자인플라자(DDP) 배움터 디자인 박물관에서 관객들을 만난다. 3.1운동 100주년을 기념해 여는 '삼일운동 100주년 간송 특별전 대한콜랙숀'이다. 서울디자인재단(대표 최경란)과 간송문화재단이 함께 여는 전시로 국보 6점과 보물 8점 등 총 60여 점을 한자리에 모아 전시하고 있다.

'수집 히스토리'에 초점: 백인산 간송미술관 연구실장은 전시에 나온 '청자상감 운학문매병'을 가리켜 "고려 상감청자 기술을 보여주는 작품"이라고 했다. "당당하게 벌어진 어깨에서 굽까지 내려오

는 유려한 곡선, 화려하면서도 정교한 모양이 탄성을 자아낸다."며 "요즘 도자 장인들도 고개를 저으며 이를 재현해내기 어려워한다."고 그는 설명했다. 귀하기로는 백자도 마찬가지다. 백 연구 실장은 "이 화병은 조선백자 기술의 총 집약체"라며 "다른 백자에서도 보기 드문 코발트색 난과 붉은색, 갈색 꽃의 빼어난 발색을 눈여겨보라"고 주문했다.

삼일운동 100주년의 정신을 살린 이번 특별 전시는 수집을 둘러싼 비화를 공개하는데 초점을 맞췄다. 전시품 하나하나가 일본인 손에 넘어가거나 세상에서 사라질 뻔한 위기에 처했던 문화재이기 때문이다. 말 그대로 친일파 집에서 불쏘시개가 될 뻔했던 겸재 정선(1676~1759)의 화첩인 『해악정신』도 그중 하나다. 오래전 골동계의 원로이던 장형수가 1933년 남의 집 아궁이 앞에서 이를 적극적으로 구해낸 이야기가 아찔하다. 당시 그는 경기도 용인군의 한 친일파 집을 찾아갔다가 그곳에서 우연히 하룻밤을 머물렀는데, 밤에 변소에 가다 보니 군불을 때던 머슴이 문서 뭉치를 아궁이에 넣고 있었단다. 그 안에 땔감으로 끼어 있던 책자가 겸재 정선의 화첩이었다. 그 시각에 변소에 가지 않았거나, 한 발짝만 늦었어도 영원히 아궁이에서 사라졌을 터다. 정선이 금강산을 중심으로 한 강원도와 동해안 일대의 명승지를 그린 이 화첩은 후에 간송 손에 들어갔고 이번 전시에 나왔다.

개스비 컬렉션을 인수한 사연도 인상적이다. 고려청자 수집가였던 영국인 변호사 개스비가 고국으로 돌아간다는 소식을 듣고 간송은 일본으로 달려가 20점을 인수했다. 집안 대대로 내려오던 충남 공주 일대 땅 일만 마지기를 팔고 그 대가로 얻은 '우리 보물'이었다.

DDP에서 마지막 전시: 이번 전시는 간송미술문화재단(이하 간송재단)이 동대문디자인플라자에서 여는 열세 번째 전시이자 마지막 전시다. 그동안 간송재단은 DDP에 수장고를 마련하고 지난 5년간 협력하며 전시를 이어 왔다. 전인건 간송미술관장은 "1938년에 지어진 서울 성북동 보화각(간송미술관)이 낡고 협소해 그동안 그곳을 떠나 DDP에서 대중적인 전시를 해 왔다."며 "앞으로는 다시 성북동으로 돌아가 빠르면 금년 가을, 늦어도 내년 봄부터는 관람객을 다시 맞겠다."고 말했다. 최경란 서울디자인재단 대표는 "간송 컬렉션은 간송이 문화보국 정신으로 지킨 것들"이라며 "삼일운동 100주년의 의미를 전하기 위해 뜻깊은 전시를 함께 준비했다."고 말했다.

필자는 2013년 12월에 발간한 수필 『기다림의 행복』(제2집)에서 '굳바이 동대문 운동장아!' 마무리 글에서 '한국 스포츠의 역사이자 체육인의 마음의 고향이었다. 풍물 벼룩시장도 신설동 서울 풍물시장으로 옮겨갔다. 환호성과 탄식 희비의 쌍인 82년의 세월! 추억과 옛이야깃거리를 간직한 채 우아하게 나이를 들어갔으면 좋겠는데!' 라고 소개를 했었다. 나무 한 그루 한 그루가 오랜 세월을 지나 든든한 뿌리를 내리면 아름다운 숲을 만들 수 있다. 지붕이 없는 미로와 같은 '동대문디자인플라자(DDP)'가 서울 패션 디자인 중심지로 재탄생하였으니 새로운 추억은 미래지향적인 공간에서 찾을 것이다.

『수필문학』 10월호(2019년)

하나님이 조선을 이처럼 사랑하사

몇 년 전 결실과 풍요의 가을에 단풍이 곱게 물든 풍경을 감상하며 우리 한국장로문인회 30여 명의 문우들과 문화 역사 탐방 길에 나섰다. 서울시 마포구 양화진길 46에 위치한 절두산 순교지 및 양화진 외국인 선교사 묘원을 찾았다.

기억(추모)의 터 양화진(楊花津)

양화진은 한강진 송파진과 함께 조선시대 한강의 3대 나루터 중 하나였다. 한강에서 강화도로 가는 길목에 있어 물류, 군사적 거점으로 활용했다. 하지만 빼어난 풍광 때문에 조선의 선배들 간에는 뱃놀이 장소로 더욱 유명했다. 월산대군과 강희맹, 서거정 등 조선 초기 문인들은 한도십영(漢都十詠) 중 하나로 양화진을 꼽았다. 사대부들의 병장과 정자도 이곳에 많이 세워졌다고 한다.

양화진 외국인 선교사 묘역에는 현재 145명의 선교사와 그들의 가족이 안장되어 있다. 묘원과 이어지는 양화진 홀은 그들의 고귀한 신앙과 삶을 기리고 조명하는 기억(추모)의 터다. 이 전시실에는 하나님께서 선교사들을 이 땅으로 인도하기 위해 어떻게 선교 활동을 하였으며, 그들이 어떤 활동을 했는지 살펴볼 수 있는 자료들을 전시하여 소개하고 있다. "핍박의 역사를 망각하는 민족은 미래가 없다."는 명언이 생각난다.

양화진 홀은 양화진 외국인 선교사 묘원을 관리하고 있는 한국 선교 100주년 기념교회가 여기에 안장된 선교사들의 사랑과 헌신을 기억하기 위해 마련한 전시 공간이다. 2008년 3월에 개관하였고, 2012년 5월과 2014년 10월 두 차례에 걸쳐 전면 보수를 하여 개관하였다.

조선을 향한 하나님의 마음

1876년에 시작된 조선의 개항은 비록 외세의 강압에 의한 것이었으나 이 땅에 복음(福音)이 전해지는 시발점이 되었다. 개항에 앞서 만주에서 활동하던 존 로스(John Ross) 선교사는 1874년 봉천(현 심양)에서 조선인들을 만난 것을 계기로 성경(聖經)의 한글 번역에 착수하여 1882년 첫 한글 성경을 출간했다. 이로써 개신교 선교사들이 조선에 들어오기 전에 이미 인쇄된 한글 성경이 국내로 유입

되었다. 조선 민족의 복음화를 위해 하나님은 이 땅에 보낼 선교사들을 세계 곳곳에서 준비시키고, 그들의 마음이 조선으로 향하게 하셨다.

선교사(宣教師)들이 조선으로 향한 것은 하나님의 섭리였다. 1882년 견미사절단의 일원으로 미국을 방문한 민영익은 대륙 횡단열차에서 미국 감리교 가우처(Johnf Goucher) 목사를 만났다. 1883년, 미국 신학교 학생이던 언더우드(H.G Unterwood)는 인도 선교 소망을 갖고 기도하던 중 신학생 선교대회에서 조선 선교를 명하는 하나님의 음성을 들었다. 미국 오하이오 주에서는 한 여인이 조선 선교의 문이 열리면 그 일에 써 달라며 그동안 모은 돈을 헌금했다. 1884년 갑신정변이 있기 얼마 전 중국 선교사 알렌(Horace N. Allen)은 미국 공사관 의사 신분으로 조선에 입국하였다. 이처럼 하나님은 조선 복음화를 위해 준비하고 계셨다. 1882년과 1884년 사이에 조선 선교 시작을 위한 작지만 의미 있는 일들이 일어났다. 곳곳에서 선교사들이 마음의 마음이 조선으로 향하는 섭리적인 만남과 구체적인 사건들이 있었다.

이보다 더 큰 사랑이 없도다

1885년부터 1945년까지 60년 동안 약 1500명의 선교사가 이 땅에 들어왔다. 개화기 조선에 '헌신'한 분들이었다. 아프고 눌리고 서글픈 민중들에게 의술, 복음, 사회 개혁으로 새 길을 열었다. 한반도 방방곡곡에 말씀을 전하였다. 한국 기독교는 성경 기독교로 칭하였다. 선교사들은 곳곳에서 성경 공부반과 사경회를 말씀을 전했고 말씀을 학습한 조선인들은 문서 전도로 전도 부인으로 오지를 찾아다니며 성경 말씀을 전했다.

아서 웰본(Arthur G.Welbon 1866~1928)과 사라웰본(Sarah Welbon 1872~1925): 황해도와 강원도 오지에서 사역하던 아서 웰본은 1909년 경북 안동 선교 책임자가 된 뒤에도 가장 험한 북서부 지역을 직접 찾아다니며 복음을 전했다. 해마다 14개 지역에서 25만 명이 넘는 사람을 만나 선교했다. 이런 그의 열정은 안동을 '영남의 예루살렘'으로 만드는 토대가 되었다. 웰본의 아내 사라는 가는 곳마다 성경 공부반을 만들어 여성들에게 복음을 전했다. 특히 여성의 지위 향상에도 노력했다. -웰본의 한글 성경책: 신약전서(1908년 대영성서공회 간행)

병들고 소외된 이들에게 치유를 하다

선교사들이 처음 시작한 일은 조선 사람들을 치료하는 일이었다. 1885년 제중원과 정동병원(시 병원)이 서울에 설립된 이후 선교사들은 곳곳에 병원을 세워 1910년까지 전국 26개 지역에 29개 기독 병원이 세워졌다.

윌리엄 홀(William J. Hall, 1860~1894)과 로제타 홀(Rosetta S.Hall, 1885~1951): 윌리엄 홀은 1891년 의료 선교사로 조선에 입국해 청일 전쟁의 와중에서 치료에 헌신하다가 3년 만에 순직했다. 로제타는 남편 순직 후 조선으로 돌아와 모두 45년 동안 헌신했다. 기홀병원(평양)과 조선 여자 의학 강습소(서울)를 설립했으며, 우리나라 첫 여의사 '박

에스더'를 배출했다. 또 최초 한글 점자를 개발해 우리나라 특수 교육의 장을 열었다.

셔우드 홀(Sherwood Hall, 1893~1991)과 매이런 홀(Marian B. Hall, 1896~1991): 윌리엄 홀의 아들인 셔우드 홀은 서울에서 그의 아내 매이런은 영국 엡 워스에서 출생했다. 1926년 조선에 입국한 부부는 해주 구세병원에서 사역하다가 일제 강압에 의해 조선을 떠나게 된 1940년까지 조선 사람을 섬기며 치유에 전념했다. 한국 최초의 결핵전용 요양병원을 설립했으며 특히 결핵 퇴치 모금을 위해 '크리스마스실'을 제작했다.

가르치고 계몽하여 국제 사회에 알리다

세계 흐름에 둔감하던 조선이 대내외로 위기를 겪고 있을 때, 선교사들은 교육과 계몽을 통해 근대화와 사회개혁의 촉매가 되었다. 신분제도와 사회적 모순에 절망하던 조선인들은 기독교에서 새로운 희망을 보았다.

사무엘 무어(Samul F. Moore 1860~1906): 1892년 조선에 입국한 무어는 이듬해 고당골 교회를 설립했다. 무어는 백정들의 인간다운 삶을 위해 노력했고 양반 교인들에게는 '차별 없는 복음'을 강조했다. 무어는 복음을 필요로 하는 사람을 가가호호 방문했다. 그는 '기쁜 물결(The Glod Tiding)'이라는 이름의 배로 한강을 오가며 강변 마을에 복음을 전하여 선교사역 3년 만에 한강변 25곳에 예배 처소를 개척했다.

한글 성경을 만나다

1887년 성서번역위원회가 조직되었다. 성경 번역은 선교사들의 첫 연합 사역이었다. 당시 로스와 이수정의 한글 성경이 있었으나 방언과 오역이 적지 않아 새로운 번역이 필요했다. 1900년 『신약젼셔』 임시 본을 출간했고, 1906년 공인 『신약젼셔』를 출간했다. 구약성경은 1904년 3월, 첫 한글 『성경젼셔』를 출간했다. 양화진 홀에서는 선교사들의 헌신과 조선 기독교인들의 열방을 통해 '한글 성경'을 주신 하나님의 섭리를 조망한 영상 「한글 성경을 만나다」를 상영하고 있다.

독일 종교개혁자 '마르틴 루터'가 작사 작곡한 「내 주는 강한 성이요」가 울려 퍼지는 듯 영감이 넘쳐흐른다.

"내 주는 강한 성이요, 또 나의 방패 되시니, 큰 환란에서 우리를 구원하여 주시리, 옛 원수 마귀는 이때에 힘을 써 궤휼과 권세로 제 무기 삼으나, 주 권능 당치 못하리."

사람이 친구를 위하여 자기 목숨을 버리면 이보다 더 큰 사랑이 없나니(요한복음 15:13)

하나님이 세상을 이처럼 사랑하사 독생자를 주셨으니 이는 그를 믿는 자마다 멸망하지 않고 영생을 얻게 하려 하심이라(요한복음 3:16)

『재림문학』 25호(2022년)

새 숭례문(崇禮門)아!

역사와 문화를 복구하여 되살린 새 숭례문아, 복받치는 감격 새롭다. 2008년 2월 방화로 훼손됐던 숭례문이 5년 3개월의 복구공사를 마무리하고 2013년 5월 4일 복구공사 기념식을 했다. 숭례문 복구는 총공사비 276억 7,000만 원의 예산을 들이고 총인원 3,500명이 참여한 역대 최대 규모의 문화재 복구사업이라는 사실을 넘어서는 상징성이 있다. 조선 초 창건 당시의 모습을 되찾는 역사성 회복의 과정이라는 의미가 있다.

무형문화재 보유자를 비롯한 전통 장인들이 참여하고 다양한 조사 연구를 통한 철저한 고증으로 원형을 최대한 살렸다는 점에서 매우 뜻이 깊다. 전통 작업 방식을 되살린 것은 국민에게 문화적 자부심을 안겨줄 만하다. 돌을 쪼개고 기와가마에서 구워 올린 것은 장인들은 물론이지만 국민에게도 감동적인 경험이다. 단청도 건립 당시의 비슷한 모양으로 되살리고 6·25전쟁 때 훼손된 임시 복구됐던 현판의 원래 글씨체를 되찾은 것이다. 일제가 도로를 내기 위해 철거했던 좌우 성곽은 일부나마 원래의 위용을 짐작하게 한 것은 참으로 가슴 후련한 일이다. 숭례문은 복구를 넘어서 문화(文化)적, 부활(復活)이라 할 만하다. 내열 벽돌들과 화재(火災)경보 시스템, 스프링클러 등 현재 기술을 가미하여 전통을 벗어나 복구를 통해 전통의 진화를 이루어 낸 것은 또한 중요한 성과라 할 수 있다.

화재 불행은 오히려 한국 문화 수준을 한 단계 높이는 전화위복의 계기로 발전시켰고 장인들과 전문가들의 열정과 당국의 이해와 지원이 있었기에 가능했다. 너무 서두르지 않고 차분하게 추진한 결과다. 이번 복구사업에서 얻은 교훈은 한국 문화 발전의 전기가 되고 문화재 훼손을 예상하는 보호시스템도 강화하는 계기가 되기 바란다.

숭례문(崇禮門) - 현판이 본 5년 3개월

나는 '국보 1호' 숭례문의 현판이다. 5년 전 화마에서 살아남았다. 바닥에 떨어져 구르고 깨어지며 610년을 버텨왔던 내 몸이 불타는 것을 지켜봐야 했다. 조선 땅을 덮쳤던 숱한 재난과 전쟁에도 서울의 중심을 굳건히 지켜왔던 우리다. 숭례문이 무참히 타들어가던 5년 3개월 전의 악몽이 마치 어제처럼 생생하다.

드디어 복구 작업이 끝났다. 현재 나는 흰 천에 가려져 다시 만날 서울의 풍경을 상상하고 있다. 그간 많은 이가 숭례문 앞을 지나며 나를 올려 보았다. 그때마다 나는 사람들과의 마음에 남은 상처를 기다려 왔다.

• 달라진 것들

숭례문은 태조 7년(AD 1398년)에 창건했지만 세종 30년(AD 1448년), 성종(1479년)때에 큰 수술을 거쳤다. 6·25전쟁 당시 총탄에 훼손돼 1960년 초반 다시 해체, 수리 과정을 경험했다. 역대 최대 규모의 문화재 복원이었다. 쓰인 목재 25t, 트럭 25대분, 돌은 15t 트럭 231대 분량이다. 중건 과정에서 잘못 변경 부분을 바로잡았다. 무엇보다도 일제 강점기에 서럽게 잘려 나갔던 양쪽 성벽을 복원했다. 동쪽 53m, 서쪽 16m이다. 그 옛날 활기 넘치던 도성 풍경을 상상하는 계기가 되기를 바란다.

• 현판

부서지고 갈라진 부분을 집합하고 1800년대 탁본을 바탕으로 숭(崇)과 례(禮) 자의 삐침과 연결 부분 등을 바로잡았다. 중앙에 세로로 걸림은 관악산의 화기에 맞서 수도 한양(漢陽)을 지키기 위하여 네 분의 장인들 노고에 감사한 마음을 전하고 신응수 대목장은 "100년을 버틸 수 있는 목표로 숭례문 복원 작업을 했다. 복원이 국민에게 문화유산에 대한 주인의식을 갖게 하는 계기가 되기를 바란다."라고 했다.

너희들 지금 남으로 가라

젊은이들에게 보내는 고 이어령 교수의 메시지를 옮겨 적어 봤다.

너희들 지금 남(南)으로 가라 / 남쪽은 큰 대문이 오늘 열린다. 닫힌 성문 밖에서 문 열기를 기다린 / 나무꾼이 아니다. 더는 추워서 떨지 말고 이제는 혼자라고 / 외로워하지 말라. 불탄 잿속에서 주작(朱雀)이 날개를 펴서 다시 솟아난 / 600년의 기억, 그러나 이것은 과거를 위해 세운 달빛의 문이 아니라. / 앞으로 600년 자유와 행복의 열매가 태양처럼 열리는 너희들 위한 미래의 문이다.

나치가 무너지던 날 프랑스 젊은이들은 개선문으로 달려갔고 / 동서의 장벽이 사라진 날 독일 젊은이들은 '브란덴부르크'문으로 갔다 하더라 / 그러나 너희들은 아니다 / 오늘이 아니라 내일, 내일이 아니면 모레 그보다 더 먼 글피와 / 그 글피가 아닐지라도 좋다. 그날이 올 때까지 이문을 향하여 뛰어라.

너희들 지금 남으로 가라

하늬바람 부는 서쪽 돈의문(敦義門)에서는 의(義)를 배우고 북쪽 홍지문(弘智門) 뒷바람한테는 지(智)를 익혔다. 동트는 새벽 흥인지문(興仁之門) 새 바람이 불 때 너희들은 함께 아파하는 법, 기쁨을 나누는 마음 어질 인(仁)을 행했다. 그러나 오늘은 남쪽 문 마파람 부는 숭례문(崇禮門) 새 문 앞이다. 오랜만에 참으로 오랜만에 흩어진 새옷을 여미고 무릎 꿇어 역사 앞에 큰절을 올리자. 의롭다고 무례한 적 없었는가. 무엇을 안다고 건방지고 남에게 대들었다. 버릇없이 굴지 않았는가. 거듭 태어난 숭례문처럼 예로써 몸을 씻고 다시 태어난 젊은이의 지혜와 열정을 갑옷으로 싸라. 큰 대문 열리는 오늘 마파람 부는 날. 등뼈를 꼿꼿이 세우고 일어서면 너희 옷자락은 깃발처럼, 떠나는 배의 돛처럼 태양(太陽)길 열린다.

너희들 지금 남(南)으로 가라.

여름 소낙비처럼 태양 빛이 쏟아지는 남쪽 큰 대문이 빗장을 따고 활짝 열렸다. 위로 600년 앞으로 600년 보아라. 대한민국 국보 1호 숭례문(崇禮門) 너희들 어릴 적 남대문이라고 부르는 자랑스러운 문 이제는 너희들 차례가 된 숭례문이다.

* 숭례문 복구 기념식이 2013년 5월 4일 14:00시 현장에서 화재로 소실된 지 5년 3개월 만에 복구되었다. 세종로 강화문 일대는 축제 마당이 펼쳐졌다.

독립기념관에서 만난 투사들

4월 하늘 따듯한 봄날 우리 성지회 가족 40여 명과 같이 대형 관광버스를 타고 기다리고 바라던 봄나들이를 떠났다. 첫날 목천읍 흑성산 자락의 넓은 대지에 자리잡은 독립기념관을 찾았다. 역사 속의 혹독했던 겨울과 찬란했던 희망찬 봄 기억을 담고 현대를 사는 우리에게 역사 이야기를 전해 주고자 새 봄기운을 받을 수 있는 곳을 떠나왔다. 기념관 주차장에 내리니 저만치 '겨레의 높은 탑'이 위용을 자랑하며 어서 오게나 반겨준다. 곧게 뻗은 길 끝에는 커다란 기와지붕의 콘크리트 건물이 보인다. 양편으로 백련못과 태극기 광장과 분수대가 대칭으로 자리하고 있다. 총 400만㎡ 넓은 터에는 골짜기 하나를 전부 차지한 듯하다.

아늑하게 혹은 웅장하게 자리한 겨레의 집은 독립기념관

의 상징적인 공간이다. 높이만도 45m로 역동적인 느낌을 가진 '겨레의 집'의 상징적인 조형물은 불굴의 한국인 상이다. 각각의 주제를 가진 전시동은 모두 7개로 처음 선사시대부터 조선시대 후기까지를 아우르는 제1 전시관의 주제는 '겨레의 뿌리'이다. 우리 일행은 전시관의 동선을 따라 돌아보는 것만으로도 순식간에 대한민국 역사를 관통하는 강렬한 느낌을 준다. 선조들의 지혜가 담긴 자랑스러운 문화유산을 재현한 전시물들을 둘러보면서 뿌듯한 자부심을 느끼게 한다.

근대 국가로서의 도약을 하던 조선말은 일본의 침략으로 인한 고난의 시대로 '겨레의 시련'이란 이름으로 제2전시실에서 볼 수 있다. 이후 제3~4 전시관에서는 주권을 되찾기 위한 항일 독립 운동에 대한 이야기가, 제6~7 전시관에서는 일제 강점기 이후의 정부 수립과 광복에 대한 희망적 이야기가 전개된다. 역사에 대한 명언이 생각난다. "과거 고난의 역사를 잊은 민족에게는 희망적인 미래가 없다." 길이 새길 명언이다. 제6 전시관에는 상해 임시정부 요인들을 밀랍으로 보여주니 매우 인상적이었다. 알 만한 분들이 많다. 나라를 찾고 세우기 위하여 고생 많이 한 분들이다. 감사할 뿐이다. 전시관과 전시관을 오가는 중에 밖으로 나와 잠시 쉬기도 하면서 관람한다. 공간의 안과 밖이 확연하게 다르다. 시간을 거스른 듯 전시관 속에서는 역사 속 그 시간을 사는 것 같고 밖으로 나오면 현실로 돌아와 한숨이 들려진다.

중간 휴식 공간엔 쉬면서 간식도 먹으면서 봄을 즐긴다. 과거 고난과 역경을 주목하며 한마음, 한뜻이 되었던 시간들이 역사가 되어 눈앞에 있다. 겨울과 같던 고난의 세월을 보낸 선조들이 스스로 봄을 찾고 희생해서 찾은 세월을 우리가 살고 있다. 봄 같은 시간을 살고 있음을 잊게 될 때 이곳을 찾으면 항상 고마운 마음으로 살지 않을까? 태극기 광장으로 바람이 불고 815개의 국기가 흔들리는 광장을 보며 마음 깊은 곳에서 온기가 느껴지며 감사하고 행복하다.

아우내장터와 유관순 열사 사적지 관람이다. 여기서 가까운 병천 읍내에는 아우내장터가 있다. 유관순 열사의 독립만세운동 현장인 바로 그곳이다. 1, 6일 장이 예전만은 못하지만 여전이 장이 선다. 장에서부터 시작된 순대국밥은 이제 장날이 아니라도 먹을 수 있게 골목상권을 이루었다. 독립기념 제7 기념관을 돌아보고 야외에 설치된 전시물까지 돌아보면 출출한 중식 시간이다. 이제 병천에서 유관순 열사의 이야기를 들어보자.

여기가 아우내장터에 있는 아우내 독립만세운동 기념공원이다. 1919년 4월 1일 독립만세운동의 현장인 아우내장터이다. 유관순 열사 기념관 내의 다양한 태극기, 기념관 앞의 태극기를 든 탑 위의 유관순의 모습이다. 서울 '이화학당(현 이화여고)' 유관순 열사는 3월 1일 만세운동으로 학교가 휴교를 하자 고향으로 내려가 서울의 독립만세 소식을 알리고 지역 주민들과 더불어 만세운동을 전개하기로 했다. 그리고 1919년 4월 1일에 유관순 열사와 가족과 주민 300여 명이 아우내장터에 모여 독립만세를 외쳤다.

이 일로 서대문형무소에 투옥된 뒤 고문과 영양실조로 죽기까지 그녀의 나이는 고작 열일곱 살이었다. 수형복을 입은 그녀의 얼굴은 수형 생활과 고문으로 퉁퉁 부어 있었다. 사춘기를 넘긴 소녀들의 발랄함과는 거리가 먼 모습이었다. 그래서 더욱 가슴이 아프구나. 유관순 열사의 사적지는 기념관과 초혼묘, 봉화탑, 추모각 등이 조성되어 있다. 병천읍에서 도보로 10분 정도 걸린다. 따뜻한 봄날 걷기에 나쁘지 않다. 파릇파릇하게 새싹이 돋는 하천면을 지나 열사의 거리로 들어서는데 천안 지역에 대한 자세한 안내와 유관순 열사에 대한 이야기들이 새겨져 있어 천천히 읽어 보았다. 3·1 독립 만세운동으로 잡혀 온 유관순 열사는 햇빛이 조금도 들지 않는 이곳 독방에서 1920년 순국하였다.

민족 수난의 일제 강점기 시대에 3·1 독립선언은 어떤 경우든 국가의 주권을 다시 찾을 수 있다는 자신만만한 죽음을 무릅쓴 독립선언이었다. 과거 선조들의 독립정신을 이어받아 어떤 경우든 국가 주권을 지키겠다는 굳은 결심의 기회라 생각한다. 주권 상실의 고난의 역사를 묵묵히 참고 광복을 맞이했지만 세계적인 역사의 흐름은 또한 어떤 어려움을 당할는지 알 수 없는 시대를 살고 있다. 애국애족의 굳은 정신으로 국가를 잘 수호하겠다는 굳은 결심을 다짐해 본다.

나일강변의 신비(神祕)

세계 곳곳에는 현대인의 지식으로 이해할 수 없는 고대 건축물들이 있다. 세계 7대 불가사의가 대표적이다. 바벨론의 궁중 정원, 올림피아 제우스 신상, 에페수스의 아르테미스 신전 등이 여기에 속하는데, 피라미드도 빼놓을 수 없다. 고도 건축 기술이나 장비가 없던 고대에 지어진 대형 피라미드의 건축 방식은 현재까지 수수께끼로 남아 있다.

피라미드는 이집트 파라오의 무덤으로 쓰인 건축물이다. 신의 화신이었던 파라오가 생명을 끝내고 신의 세계로 들어가 '영원한 생명'을 얻을 수 있도록 만드는 사후 세계의 집이었다. 거대한 규모 '파라오의 무덤' 건축 방식은 불가사의다. 피라미드가 거대하게 축조된 이유는 두 가지로 추정한다. 영생을 얻은 파라오가 거주할 수 있게 영원히 존재할 수 있는 주거지를 만들었다는 것과 신의 세계에 닿기 위한 계단의 역할로 거대하게 지었다는 것이다. 이집트 카이로 근처 기지에 있는 3대 피라미드, 이 중 가장 큰 쿠푸왕의 피라미드는 평균 2.5ton이나 되는 큰 돌을 230만 개가량 쌓아 올렸다. 지금으로부터 4,000~5,000년 전 어떻게 이 거대한 건축물을 지었는지 여전히 수수께끼다. 또한 3개 피라미드 군 제1 피라미드는 밑면이 230m, 축조 당시 높이가 144.6m로 어마어마한 크기에 압도된다. 또한 정교한 시공에 다시 한번 놀라게 된다. 네 측면이 각각 정확하게 동서남북을 바라보고 있으며, 축조 당시에는 바위로 이루어진 평면에 손가락조차 들어가지 않을 정도로 평평하며 정교했다고 한다.

제2 피라미드는 앞에 세워진 스핑크스로 유명하다. 사람의 머리와 사자의 몸을 가진 스핑크스는 왕권을 상징하고 선한 자를 보호하는 보호신으로 고대 이집트인으로부터 숭배되었다고 한다. 피라미드 축조 당시 어떤 도구를 사용했는지에 대해서 확실한 증거나 문헌은 없다. 다만 돌을 잘라낼 수 있는 도구는 모두 동원했을 것으로 추정하고 있다. 잘라낸 석재는 나무토막으로 만든 둥근 굴림대를 이용해 운반했을 것으로 짐작한다. 가장 큰 의문점은 '과연 그 무거운 석재를 어떻게 위로 올렸을까'이다. 이에 대하여 정확한 기록은 없고 학자들이 피라미드 측면에 경사를 만들어 석재를 운반하지 않았을까 정도로 추정할 뿐이다.

독특한 신전, 화려한 벽화를 감상하고 홍해 휴양지서 힐링하다 나일강을 따라 카이로 방향으로 내려가다 보면 콤옴보가 나온다.

콤옴보에는 독특한 신전이 유적으로 남아 있다. 신전 양쪽에 각기 다른 신을 모시고 있다. 오른쪽에는 악어의 머리를 가진 악어의 신, 세베크, 왼쪽에는 매의 머리에 태양과 달의 눈을 가진 독수리의 신 하로에지스다. 신전의 화려하고 섬세한 벽화 앞에서도 감탄사가 절로 터져 나온다.

나일강을 따라 좀 더 내려가면 에드푸를 만날 수 있다. 이곳은 이집트 신화에서 주요한 인물로 그려지는 호루스의 도시다. 호루스는 자신의 아버지인 오시리스를 살해한 세트를 응징하는데, 호루스가 성장 과정에서 여러 신의 보호를 받았다고 한다. 세트를 응징한 이후 이집트 파라오의 자리에 오른다.

호루스 일대기에 대한 내용은 에드푸 신전의 벽화로 남아 있는데 섬세한 예술성도 인상적이지만, 신전 안뜰에 있는 조각상에 더 놀라게 된다. 위풍당당한 자세로 파라오의 왕관을 쓰고 있는 매의 모습으로, 호루스를 표현한 조각상이다. 파라오의 권위를 나타내는 듯 당당하다.

이집트 여정 길은 나일강을 따라 펼쳐지는 장엄하고 신비로운 고대 유물이 전부가 아니다. 편안하게 쉴 수 있는 휴양지도 있다. 홍해에 인접해 사막과 해변을 모두 즐길 수 있는 도시 후르가다가 대표적이다. 후르가다는 20세기 초에 이집트 정부가 개발한 휴양지로 사막에서 지프를 타고 시구를 구경할 수 있다. 특히 사막의 노을은 탄성이 절로 나오는 장관이다. 붉게 물드는 사막은 몽환적인 풍광을 연출한다.

공산성(公山城)

작년 4월 하순 우리 성지회 가족 30여 명은 1박 2일 일정으로 봄나들이로 공주 백제 유적지를 찾아 떠났다. 봄의 꽃나무 향기가 풍기는 여정 길을 따라 학창 시절 소풍과 수학여행 갔던 추억들을 생각하였다. 공주에 도착하여 제일 먼저 비단길 금강이 감싸 흐르는 고풍스러운 공산성을 찾았다. 입구 언덕 영산홍 붉은 꽃이 만발한 배경으로 전체 기념사진을 촬영하였다. 출입 대문 금서루를 통해 입장하였다. 단체로 코스를 따라 여러 가지 유적과 공주 시내를 관망하며 부지런히 사진도 찍고, 즐거운 표정 흥얼거리는 콧노래로 즐거운 산책을 하였다.

공산성은 웅진(공주) 백제시기(475~538년)를 대표하는 왕성(王城)이다. 공산성의 왕궁지, 왕궁 부속 시설지, 백제의 토성은 왕도의 생활 문화를 파악할 수 있는 상태로 보존이 잘 되었으며, 이를 보존 관리하기 위한 법적 관리 체계를 갖춰서 2015년에 '유네스코 세계유산'에 등재되었다. 공산성은 총연장이 2,660m 동서남북 네 개의 문루가 있고 백제 시대에는 웅진성으로 고려 시대는 공산성, 조선 시대는 쌍수 산성으로 칭하였으며, 중요한 시설로 사용하였다. 금강이 감싸 흐르는 고풍스러운 성곽을 걷다 보면 1,500년 전 화려했던 해상 왕국의 문화와 만나고 고대 국왕의 융성한 문화와 백제의 찬란했던 향취가 가슴속 깊이 스며든다.

유네스코 세계유산(World Heritage)이란? 1972년 지정된 국제연합교육과학문화기구(유네스코)가 「세계문화유산 및 자연유산의 보호에 관한 협약」에 따라 인류 문명과 자연유산 가운데 매우 중요한 가치가 있는 유산을 '세계유산'에 등재하고 후손에게 물려 줄 자산을 말한다.

백제는 기원전 18년~660년까지 약 700여 년간 존속한 삼국시대의 한 국가이다. 백제 역사 유적 지구는 백제 후기(475~660년)의 문화유산으로 공주의 공산성의 왕궁지, 왕궁부속시설지, 백제 토성과 송산리 고분군의 무덤 양식과 국립공주박물관과 부여의 관북리 유적과 부소산성, 정림사지, 능사리 고분군, 나성 익산의 왕궁리 유적과 미륵사지 등 여러 유적들이다.

백제 역사 유적지구의 가치성 백제 후기는 중국에서 도시계획, 건축기술, 예술, 종교를 받아들여 백제만의 독창적인 문화 발전을 이루었고, 일본과 동아시아에 전하였다. 이것은 백제가 동아시아의 교류의 거점으로 백제 문화의 국제성과 개방성을 말해주는 탁월한 보편적 가치(OUV-Owtslanding Universal Value)가 인정되고, 진정성(眞定性, Authenlieity)과 완전성(完全性)을 세계인이 주목한 이유이다. 고대 국가 왕도의 생활 문화를 파악할 수 있는 왕궁시설, 조경시설 고분 유적, 공예품 등 문화유산이 완전한 상태(국가문화재)로 보존(진정성) 되었으며, 이를 보존, 관리하기 위한 법적 관리체계(완전성)를 갖춰 세계 문화 유산이 되었다.

역사란 저절로 난 길과 같다. 현대인이 걷고 있는 그 길은 옛사람이 그 옛사람의 옛사람이, 그리고 더 오랜 옛사람이 지나며 넓혀 온 길이다. 맨발로도 걸었고 미투리와 비단신을 신고도 걸었으며 때론 군홧발로 짓밟히기도 했다. 너른 길일수록 많은 사람이 다닌 것이다. 그 변화는 여전히 진행형이다. 그렇기에 오늘날 차지하고 있는 현대인들조차 그 길의 진정한 주인이 되지 못한다. 한때 지나치는 손님일 따름이다. 그런데도 역사가 제 것인 양 주물러 보려는 주인 행세는 좋지 않다. 고대 로마의 수사학자 '쿠인틸리아누스' 말처럼 역사를 기록하는 것은 얘기하기 위해서지 증명하기 위해서가 아니다.

공산성 성곽길을 걸으며 그런 생각을 했다. 공산성은 백제 문주왕이 한산성에서 웅진(공주)으로 천도하면서 수도 방어를 위해 쌓은 성이다. 하지만 지금의 공상성은 이후 사람들의 흔적이 더 많이 남아 있다. 고려와 조선 광복 직후의 모습까지 하고 있다. 공산성 서문이었던 금서루를 받치고 있는 오늘날 출입구 모습은 현대적 시각으로 재해석한 것이다. 그렇게 또한 변화를 한다면 굳이 지금 모습으로 되돌리려고 애쓸 필요는 없을 것이다. 자연스럽게 변화를 받아들여야 한다. 그것이 문화의 축적이요, 곧 문명인 까닭이다.

공산성에 남아 있는 유적들은 대체로 조선 시대의 것들이다. 원래 토성이었던 웅진성을 석성으로 고쳐 쌓은 것도 조선 때다. 그런데 남아 있는 게 크게 자랑스러울 것이 못 된다. 금서루를 지나 오른쪽으로 올라가면 백제 왕궁터가 나오는데 거기에 남아 있는 쌍수정(雙樹亭)이 그렇다.

이괄의 난 때 인조가 달아나 머문 장소에 세운 정자다. 인조는 당시 공산성에 일곱 날을 머물렀는데, 두 그루 큰 나무 아래서 한양 편을 바라보며 난이 진압되기만을 오매불망 바랐다. 환도하면서 자신에게 그늘을 만들어 주었던 고마운 나무에 정3품 통훈대부직을 하사했다. 이후 불쾌했는지 나무는 죽고 영조 10년에 관찰사 이수항이 그 자리에 쌍수정을 지었다고 전한다. 조선 총독 데라우치가 바꾼 웅심각을 1946년 공주를 방문한 김구가 제안하여 광복루로 바꾸었다.

임씨 성을 가진 백성이 자기 마을에 피난 중인 인조 임금께 떡을 정성스럽게 하여 바쳤더니 떡 이름을 묻는데 아무도 답을 하지 못했는데 이에 인조가 임 씨가 만든 떡이 절미하다 해서 '임절미'라 했는데 이것이 곧 '인절미'의 어원이란 이야기다. 공주 시민들은 백제 문화제 기간에 공주떡 인절미 만드는 행사를 한다. 인절미의 길이가 475m인데 백제가 공주로 천도한 해가 475년이다.

왕의 피란처가 될 만큼 공주산성은 전략적으로 뛰어난 군사적 요충 거점이다. 공주 시내가 훤히 내려다보이는 표고 110m의 공산과 인접한 금강이 천연 요새의 역할을 한다. 의자왕이 항복한 곳도 공산성이었고 통일신라 말기 난을 일으킨 웅진도독 김헌창이 최후까지 항거한 곳도 공산성이었다. 110년 거란족 침입 당시 고려 현종이 피신했던 곳도 공산성이었고, 한국전쟁 때 미군이 주축이 된 금강 방어전의 주 전선이 공산성이었다. 하지만 일제 강점기가 되면서 본연의 쓰임새가 완전히 사라진다. 근대화로 전쟁 개념이 변한 것과 '식민지에 요새를 두는 것은 좋지 않다' 하여 성안에 둔 군영을 폐지하고 성안 마을 중심으로 거주민이 크게 늘어났다. 한때는 300여 호에 달하는 주민들이 공산성 내에 거주하고 있었다 한다.

『수필문학』 11월호(2020년)

무령왕릉(武寧王陵)

백제사의 열쇠 송산리 고분군(사적 제13호).

송산리 고분군은 웅진시기(475~538년)의 백제 왕릉군으로 7기의 고분이 정비되어 있다. 1호~5호분은 굴 모양 돌로 쌓은 무덤(석실분)이고 무령왕릉과 6호분은 도굴되지 않은 온전한 상태로 발굴되었고 축조 시기(525년)가 확인되며 중국과 일본 등 주변 국가와의 교류를 알 수 있다. 또한 새로운 고분 40여 기의 존재가 확인된 것이다. 국립부여문화재연구소의 지하 물리탐사와 지표 조사 결과다.

유네스코 세계유산 중의 하나인 송산리 고분군에 현재 복원 정비돼 있는 7기 외에 수십 기의 무덤이 산재해 있다는 사실은 이미 알려진 이야기다. 발굴 결과 역시 20년에 걸친 중장기 조사로 기대가 크다. 이미 무령왕릉의 발견의 기적을 체험했던 학습효과 때문이다.

무령왕릉은 백제 25대 무령왕과 왕비의 무덤으로 1971년 배수로 공사를 하던 중 우연히 발견되었는데 1500년 전의 완전한 상태로 발굴되었다. 이는 피장자의 신분을 알 수 있는 한국 고대의 유일한 왕릉으로 화려하고 세련된 미의식 수준 높은 공예 기술을 통해 찬란한 백제 문화를 엿볼 수 있다.

일제 때 일본 교사 가루베가 인근을 막 파헤쳤다. 송산리 고분의 존재는 이미 조선 중종 때 편찬된 『신증동국여지승람』이 전한다. "(향교) 서쪽에 옛 능이 있는데, 속설에 백제의 왕릉이라고 하나 어느 왕인지 알 수 없다."(충청도 공주목) 1530년에 나온 책이니 수많은 도굴이 시도되었을 것이다. 송산리 고분군을 마지막으로 도굴한 이는 일본인이다. 일제 강점기에 공주 고보의 일본어 교사였던 가루베 지온(輕部慈恩)이라는 인물이다. 그는 밝은 대낮에 발굴조사를 한다는 명목으로 백제 왕릉들을 파헤쳤다.

"1927~1932년간에 확인한 백제 고분이 1000기에 달한다."고 했다. 조선총독부 일본인 고고학 전문가들조차 연구 목적이라는 미명 아래 저지른 사굴(私掘)이라고 비난할 정도였다. 더욱 아찔한 것은 그가 무령왕릉을 발굴했다면 어쩔뻔 했겠는가. 지금까지 발굴된 백제 최초의 벽돌무덤(전축분)인 송산리 6호분을 발견한 것이 가루베다. 그가 바로 뒤에 있던 무령왕릉까지 찾아냈다면 오늘날 그곳은 변변한 유물 하나 없이 벽에 사신도만 희미하게 남아 있는 6호분처럼 주인이 누구인지도 알 수 없는 그저 송산리 7호분으로 남았을 것이다.

실제로 송산리에 가 보면 무령왕릉은 봉분도 완만한 데다 정비하면서 약간 높인 것이다. 5호분과 6호분 뒤에 바싹 붙어 있다. 설마 왕의 무덤을 이렇게 다닥다닥 붙여 놓았을까 하는 의구심에 전혀 무덤으로 생각하지 않은 것이다.

그런데 1971년 7월 장맛비로 6호분에 물이 새는 바람에 이를 막기 위한 배수로 공사를 하던 인부의 삽에 뭔가 딱딱한 것이 걸렸다. 공사는 중단됐고 전문가들이 긴급 파견되어 조사에 착수했다. 새로운 벽돌 고분의 입구 부분이 분명했다. 조사 단장이던 김원룡(1993년 작고) 당시 국립박물관장의 회고 말이다.

"그날 저녁 큰비가 내렸다. 우리는 밤을 새워 무덤 앞에 도랑을 파서 빗물을 돌려야 했다. 문 앞의 강회가 콘크리트처럼 단단해 입구를 막은 맨 윗줄을 들어낸 것은 오후 늦은 때였다. 안쪽을 들여다보니 터널형 연도에 돌 짐승 한 마리가 지석 두 장을 앞에 놓고 우리를 노려보고 있지 않는가."(노학생의 향수)

놀란 가슴으로 벽돌을 떼어 낸 뒤 안으로 들어가 지석을 살펴본 뒤 순간 김 관장은 심장이 멈추는 듯했다. "영동대장군백제사마왕(寧東大將軍 百濟斯麻王)이…." "키가 8척이고 눈썹과 눈이 그림 같았다."고 「삼국사기」에 전하는 백제 25대 임금 무령왕이었다. 영동대장군은 무령왕이 중국 양나라 무제로부터 받은 벼슬이고, 사마(斯麻)는 그의 본명이다. 지석은 계속 이렇게 말한다. "62세 되던 기묘년(523년) 5월 7일 붕어하시어 을사년(525년) 8월 12일 대묘에 예를 갖춰 안장하고" 이와 같이 기록했다. 삼국시대 고분은 이름이나 연대를 써넣지 않는 것이 특색이다. 다만 추측에 기댈 수밖에 없다. 이 무덤의 주인은 기록과 유물을 통하여 확실히 밝혀지고 있다. 이 땅에서 처음 있는 일이었다. 또 하나의 지석은 왕비 것으로 앞면에 "526년에 왕비가 승하해 장례를 지내고 529년 왕과 합장한다."고 적고 뒷면에 "1만문의 돈으로 토지를 매입하여 무덤을 만든다."는 내용을 담았다.

무령왕릉은 무덤처럼 보이지 않았기 때문에 전혀 도굴되지 않고 오롯이 남아 있었다. 그래서 금(金)으로 된 관 꾸미개, 귀걸이 등 4,600여 점의 유물이 출토되었다. 그중 국보로 지정된 것만도 12종 17건에 달하였다. 하지만 무엇보다도 백제인의 생활 모습을 보여주는 각종 기록들이 매우 소중하다. 백제에서 3년 상을 지냈다는 것과 무덤 쓸 자리를 지신(地神)한테 비용을 치르고 구입하는 풍습이 있었다는 것은 특이하다.

무령왕릉 출토 유물을 소개하겠다.

주로 국보급 보물이다. 왕금제관 장식(154호) · 왕금제 귀걸이(156호) · 금제 뒷꽂이(159호) · 왕나무 머리 받침과 발 받침(165호) · 청동거울 · 고리장식 칼: 왕의 권위를 상징하는 이 칼의 고리 안에 한 마리의 용 머리가 조각되어 있다. · 왕비 금제관 장식(155호) · 왕비 금제관 귀걸이 · 금제 아홉 마디 목걸이 · 금제 일곱 마디 목걸이 : 왕비의 목걸이로 9개, 7개 특이한 고리를 연결하여 만들었다. · 다리작명 은제 팔찌, 은팔찌의 안쪽에는(다회라는 장인이 왕비를 위하여) 기록이 남아 있어 역사적 가치가 크다. · 석수: 돌로 만든 동물을 무덤 입구에 놓아 왕릉을 보호하기 위한 부장 문화를 엿볼 수 있다.

· 묘지석(墓誌石 163호): 왕릉 입구에 왕과 왕비의 지석이 나란히 있어 이 무덤의 주인공이 무령왕과 왕비임을 알 수 있다.

송산리 고분전시관엔 무령왕릉 및 5, 6호분을 정밀하게 재현, 무령왕 체험 등 융성했던 백제 문화의 위상을 확인할 수 있었다. 다음 웅진백제역사관은 백제 역사 문화 콘텐츠와 IT시스템을 활용한 교육, 홍보 체험으로 백제 문화를 직접 접할 수 있다. 마지막으로 '국립공주박물관'에 들렀다. 무령왕릉에서 발견된 국보 12점 등 고가치의 유물을 보관 전시하고 있다.

황성(皇城) 옛터

황성 옛터의 황성은 한자로 황성(荒城), 황폐한 성이다. 고려 왕궁을 원래 황성으로 불렀다. 황제의 수도란 뜻이다. 황제국을 자처했던 고려의 자존심이다. 만월대는 황성이 1362년 홍건적의 침입을 받아 폐허가 된 뒤에 붙여진 이름이다. 지금은 잡초만 우거진 터에 달빛을 받고 있다. 고려 장성의 감추어진 모습이 일부 드러났다.

국립문화재 연구소가 발간한 '개성 고려 궁성 유적 발굴 조사한 보고서'다. 남북 역사 고고학자 50여 명이 120일간 공동 조사 결과물이다. 고려 왕궁 구조 건물 등에 대한 문헌 연구가 일부였지만 규모와 모양새를 갖춘 고고학적 발굴은 처음이다. 무엇보다도 600년 넘게 잠들어 있던 고려 황성이란 점에서 반가운 일이다. 사실 한국사에서 고려만큼 발전 부흥한 국가도 드물다. 고려청자, 금속활자, 고려불화(불교문화), 팔만대장경, 고려나전 등 코리아(Korea)를 세계에 처음으로 알린 때가 고려시대이다.

황성 옛터에 다양한 유적과 유물이 대량 확인되었다. 20여 동 다양한 건물터, 건물과 건물을 연결한 바둑판 모양의 배수로, 그리고 청자 기와와 전통 토기유물 1,800여 점이 발굴, 송악산 남쪽 비탈을 그대로 살려 대궁궐을 건축한 고려인의 자연 친화적 건축관도 다시 밝혀졌다. 또 고려 귀족 기와에 청자 유약을 바를 만큼 호화스러운 생활의 일면을 엿볼 수 있다. 판적(板籍), 월개(月蓋) 글자가 새겨진 기와를 통하여 조선 후기 편찬된 『고려시대』에 기록된 고려시대 도자기 터를 확인할 수 있었다.

불후의 명곡 「황성(皇城)옛터」(원제목은 황성의 蹟)에 대하여 정리하여 본다.

먼저 명곡 가수 예명 이애리수(李愛利秀) - 본명 이음전(李音全), 초창기 현대 가요인 「황성(皇城)옛터」는 1928년 만들어졌다. 꼭 80년 전이다. 개성 출신 작곡가인 전수린이 고려 옛 궁터 만월대(滿月臺)를 찾아 빈 궁터를 돌아봤다. '월색만 고요한 폐허', '성이 허물어진 빈터'를 보고 깊이 생각하며 애달파했다는 구절들이 가사에 있는데 작사까지 하지 않았는가 의문이 든다.

이음전(李音全)은 개성 명문 호수돈여고에서 줄곧 반장을 하며 우등생으로 졸업한 인재였다. 장남 배두영 씨를 만나 어머니에 대한 이야기를 들었다. 가수 어머니는 1934년 「꽃 가시 설움」을 마지막으로 가수 생활을 그만두었다고 했다. 어머니의 가수 경력은 집안의 첫째가는 금물이라고 했고, 자신도 연세대학 시절 고모가 알려주었기 때문에 왕년에 명가수란 것을 처음 알았다고 했다. 할아버지는 결혼 조건으로 연예계와 인연을 그만두라고 요구했다. 그런데 70여 년간 가수의 생사조차 몰랐다 하니 대중음악 기록관이 절실하다.

잘 나갈 때 가수 이애리수(李愛利秀)는 이 노래로 일약 스타가 됐다. 일제 강점 시대라 당시 조선 총독부는 명곡 「황성옛터」 음반 판매를 금지시켰다. 이유는 조선인의 민족감정을 부추길 우려가 있다는 이유에서였다.

「황성옛터」의 음반을 들어보자!

황성옛터에 밤이 되니 월색만 고요해
세월이 허무한 것을 말하여 주노라.
성이 허물어진 빈터에는 잡초만 무성하여
세상 부귀영화가 일장춘몽인 것을 말하여 주노라.

총알처럼 꽂힌다

물총새는 아름다운 색채를 자랑한다. 등은 짙은 코발트빛, 가슴과 배는 밤색이다. 목 측면에는 밤색과 흰색 얼룩무늬가 있고, 다리는 진홍색이다. 겉모양만 보면 예쁘고 귀여운 새다. 그러나 물총새가 사냥하는 모습은 독수리나 매와 같다. 사냥감을 향하여 총알처럼 날아가 먹이를 낚아챈다. 물고기 몸통을 물고 머리를 나뭇가지에 부딪쳐 기절시킨 뒤 머리부터 먹어 치운다. 물고기 사냥하는 모습이 호랑이 같다 하여 옛날부터 '어호(漁虎)'로 불렸다. 영어 표현으로는 킹피셔(Kingfisher)라고 불린다.

물총새 사냥의 비법은 길쭉한 부리와 날렵한 머리에 있다. 날개를 접고 다이빙할 때는 앞쪽이 가늘고 길게 튀어나온 탄환 모양이어서 수면에 진입할 때 파동을 최소화하여 물고기들은 사냥꾼이 침투한 줄도 모르고 잡힌다.

시속 300km/h 이상 속도를 자랑하는 일본 신칸센 고속 열차는 물총새에서 영감을 얻어 제작하였다.

열차의 앞부분은 길고 뾰족한 물총새 부리와 같이 제작하여 고속 운행 중 발생하는 공기압을 30%를 감소하여 소음 문제를 해결했다. 속도는 10% 증가했고, 에너지 소비량은 15% 감소했다. 인류가 찾아 헤매는 새로운 기술력이 자연환경에 적응하여 살아온 물총새에 숨어(잠재) 있었으니 놀랍다.

중앙일보 김경빈 기자는 촬영을 위하여 강원도 원주시 섬강 수중에 물고기가 담긴 어장을 설치하여 물총새를 유인했는데 변화한 환경에 의심을 품은 물총새는 쉽게 접근하지 않아 3주 만에 어려운 촬영을 했다는 것이다. 김 기자 수고 많았고 고맙습니다.

신문에 발표한 사진을 보면서 물총새가 사냥하는 5단계를 아래와 같이 설명할 수 있다.

(1) 물총새가 나뭇가지에 앉아 사냥감을 열심히 찾고 있다.

(2) 사냥감을 향해 총알처럼 내리꽂히는 물총새.

(3) 물에 들어갈 때(입수 때) 물이 거의 튀지 않는다.

(4) 물고기 머리를 나뭇가지에 부딪쳐 기절시키는 모습.

(5) 사냥을 마치고 물을 뿜어내고 있다.

호명호수(虎鳴湖水)

산야에 녹음이 우거지는 아름다운 계절을 맞이하여 친지 및 가족들과 경기 가평군 청평면에 위치한 호명호수를 찾았다. 밝은 빛, 맑은 물, 깨끗한 공기로 수려한 산세는 백두산 천지(天地)를 연상케 된다. 작은 천지라 할까. 면적은 15만㎡에 1.7km의 주위 둘레로 인공호수다. 국내 최초의 양수식 발전소인 청평양수발전소의 상부 저수지로서 호명산의 수려한 산세와 어우러져 백두산 천지를 연상케 하는 관광명소다. 산 아래 길게 펼쳐진 계곡과 2층 팔각정(호명정)에서 내려다보이는 청평호반 역시 빼어난 경관을 자랑한다.

기원타(민족의 등불), 호명호 기념비, 전망대, 위령탑(한국 전력 희생자)이 위용을 보이고 있으며 철쭉 동산에는 붉은 철쭉이 만발하여 아름다움을 자랑하고 있다.

청평양수발전소는 400mw 용량의 수력발전시설로 1980년 4월 준공되었으며 저가의 심야 전기를 이용 양수하였다가 최대 부하시 가치가 높은 전기를 생산하여 원가 절감 및 발전 효율 향상을 도모하고 대용량 발전의 불의의 정지시 가동성과 예비 전력 확보에 기여하고 있다.

청평호수(淸平湖水)는 1944년 청평댐이 준공됨으로써 이루어진 호수로서 면적은 만수 시 580만 평에 달하는 대단위 수면이다. 호수 양편으로 수려한 호명산이 높이 솟아 청결한 호수와 잘 어우러져 매우 아름다운 풍경을 감상할 수 있다. 청평호수는 하절기의 피서객을 비롯하여 4계절 계속하여 관광객들의 발길이 이어지고 있다.

아름다운 산과 호수가 어우러진 자연은 더럽히는 사람들의 발길 손길 오물 오염으로 훼손하지만 침묵으로 대응하여 청결할 뿐이로다. 호수 주변 그림 같은 집들, 청정의 호수 둘레길, 걷는 발걸음도 가볍다. 강원의 아름다운 자연풍경 감상에 젖어 세상사 잊었노라. 호수 뜬 백조 한 쌍 노니는 모습도 아름답구나.

푸른 산줄기 호수에 잠기고 잔잔한 호수 고운 물결 아름답다. 산새들 지저귀는 노랫소리도 듣기 좋구나. 하늘 향하여 푸른 하늘 보며 맑은 공기 깊은숨 쉬어 보내 상쾌하도다. 옛 나옹선사의 청산의 시구가 생각난다. 청산은 나를 보고 말없이 살라 하고, 호수는 나를 보고 청결하게 살라 하네. 저 청산과 호수같이 인생을 살고파라. 산과 호수는 평안한 휴식처다. 옛 교직 동지 가족들과 이곳 자연의 품에 안겨 추억과 인생을 이야기하며 건강하고 행복하게 살자고 다짐하였다.

옛 중국 공자의 논어(論語)의 글귀가 생각난다.

인자요산 지자요수(仁者樂山 知者樂水), 어진 자는 산을 좋아하고, 지혜로운 자는 물을 좋아한다.

4

히말라야와 약속 지킨 엄 대장

미당 서정주 시문학관

2014년 11월 중순 늦가을, 문학신문사 문인 회원 40여 명은 미당 문학관 문학기행을 떠났다. 서해 고속도로를 달리며 서해바다와 산천의 아름다운 풍경을 감상하며 문인(文人)들과 즐거운 대화를 하며 웃음꽃을 피웠다. 목적지인 전북 고창군 부안면 일대에는 유네스코에 등재된 수천 년 역사가 살아 숨 쉬는 인간과 자연의 합작품인 고창 고인돌 유적지와 동백꽃 꽃무릇으로 유명한 도솔산(선운산) 옛 사찰 선운사 등 가을 풍경이 절정으로 치달아 회원들 가슴에도 단풍이 짙어 만면에 희색으로 웃음꽃이 되었다.

고창 부안면 선운리 미당 문학관에 도착했다. 20세기 한국 대표시인 미당(未堂) 문학관은 폐교된 선운초등학교를 개조, 수리하여 개관한 것이다. 미당의 시문학과 생가는 그를 키워 준 '8할의 바람' 그칠 날이 없는 줄포만을 아늑히

앉아 바라보고 있는 미당 집안 묘역 주위 넓은 국화에 묻혀 있다. 국화꽃 향기로 흠뻑 젖어본다. 1000만 송이 국화 옆에서 시심도 활짝 되었다. 큰 바위 돌에 새긴 미당의 시에는 대표 시 「국화 옆에서」가 꽃밭을 배경으로 돋보인다.

중국 도연명의 시가 생각난다. 관직을 그만두고 고향집 마당에 들어섰을 때 '국화꽃'을 제일 먼저 보았다. "세 갈래 오솔 길 잡초 우거졌어도 소나무와 국화는 여전히 거기 있네."(三徑就荒 松菊猶存: 삼경취황 송국유존)라고 「귀거래사」에 노래했다.

옛 시조 시인은 국화의 정절과 지조를 칭송한 노래가 있다.

국화야 너는 무슨 일로
삼월춘풍 다지나고
낙목한천(落木寒天)에 네 홀로 되었느냐
아마도 오상고절(傲霜孤節)이 너뿐인가 하노라

미당 문학관을 관람하기 전 동행한 문효치 교수의 시문학 특강 「未堂 徐廷柱 시세계」란 주제의 명강의를 자세하게 듣고 문학관의 각층 전시실을 하나하나 살피면서 관람하니 더 깊이 이해하게 되었다. 〈강의를 종료한 다음 문인들의 기념사진을 촬영하고 나와서 미당 생가 앞에서 사진 촬영을 마치고〉 문학관 입구는 미당을 만나는 첫 공간이다.

「시화집에서 80소년 떠돌이 시」까지 그의 대표 시집과 친필 작품을 전시하고 있다. 생시 사진도 전시되어 있고 '북카페'는 미당의 흔적을 다시 생각할 수 있는 공간이다. 관람객들이 편히 쉴 수 있는 공간으로 전시실을 관람 후 미당 시세계에 대해 다시 한번 생각을 정리할 수 있게 하였다.

제1전시실은 미당의 삶과 인간적 모습을 느낄 수 있는 공간이다. 미당 시문학관의 탄생과 변천, '미당의 시와 삶', 문우와 후학들이 말하는 미당을 전시하고 있으며 미당의 영상을 관람할 수 있는 영상 세미나실을 설치하였다.

미당 서정주(未堂 徐廷柱: 1915~2000) 선생은 20세기 한국을 대표하는 시인으로 창작활동 기간만 70년에 이르는 장수 시인이며 1,000여 편의 시를 발표하였다. 우리말을 가장 능수능란하고 아름답게 구사해 한국어가 도달할 수 있는 최고의 경지를 보여주었다. 후배 시인들로부터 시의 '정부' 또는 '신화'로 불리운 그는 우리나라 시인들이 제일 좋아하는 시인인 동시에 대표작이 가장 많은 시인이다. 그의 호 미당(未堂)에는 '아직 덜된 사람이라는 겸손한 마음'과 '영원히 소년이라 하는 마음'이 모두 담겨 있어 늘 새로운 것을 추구한 그 삶과 잘 어울린다.

제2전시실(계단)에는 미당의 무한한 노력을 엿볼 수 있는 공간이다. 미당의 소년 때 암기한 세계 유수의 산 이미지와 친필을 옥상까지 연결된 목재 따광에 전시하여 옥상에 이르면 마당과 함께하는 상상의 동상과 인생의 여정을 느낄 수 있다.

제2전시실(층별 전시실)은 미당의 시 문예 세계를 한눈에 느껴 볼 수 있는 갤러리다. 1층엔 가족의 공간, 2층엔 서재 재현실, 3층엔 미당의 교우 관계와 저서들, 4층엔 미당이 사용하던 유품과 인터뷰, 5층 옥상에는 전망대를 설치하여 미당이 출생하여 성장한 마을과 질마재 서해바다를 한눈에 볼 수 있도록 하였다.

제3전시실은 미당의 문학 작품세계를 감상할 수 있는 공간이다. 미당의 대표시를 부착한 Poem Gate를 설치하고 작품을 벽면에 설치하여 그의 시문학 세계를 감상할 수 있도록 했다. 끝자락에는 그의 생애의 사진 영상을 감상할 수 있게 하였으며 생전에 쓰던 가구 및 애장품을 전시하였다.

사군자 중 가능의 군자는 정절을 지키는 국화꽃이다. 국화꽃 만발한 미당 가족 묘역 꽃동산을 배경으로 문학관과 생가 마을에서 2001년부터 매년 10월 하순 경 며칠간 미당과 황순원 문학상 · 미당 시문학 축제 · 백일장 등 문학 축제 큰 잔치 한 마당이 열린다. 우리 문우들 일행은 국화꽃 동산에 올라 시비에 새겨진 대표 시 「국화 옆에서」를 애송하며 내려왔다.

국화 옆에서

한 송이의 국화꽃을 피우기 위해
봄부터 소쩍새는 그렇게 울었나 보다.

한 송이의 국화꽃을 피우기 위해
천둥은 먹구름 속에서 또 그렇게 울었나 보다.

그립고 아쉬움에 가슴 조이던 머언 먼 젊음의 뒤안길에서
인제는 돌아와 거울 앞에 선 내 누님같이 생긴 꽃이여.

노오란 네 꽃잎이 피려고 간밤에 무서리가 저리 내리고
내게는 잠도 오지 않았나 보다!

동리 · 목월 문학관

고희가 되어도 문학기행 가는 날은 마음이 젊은 학창 시절 소풍이나 수학여행 가는 날처럼 마음이 설레고 기분이 좋다. 새벽 5시 잠이 깨어 할멈의 따뜻한 아침 식사는 고마움의 정을 잊을 수 없다. 서울역 맞은편 대로 옆에서 출발 한 시간 전에 도착했다. 이종기 회장님과 편집장의 안내로 환영하며 반갑게 맞이해 주었다. 청명한 날씨에 4월 하순 기온은 조금 쌀쌀했다. 30여 명이 탑승했다. 관광버스는 복잡한 도심을 벗어나 중부 내륙고속도로로 진입하여 목적지 경주를 향하여 달린다. 산야는 초록으로 덮이고 군데군데 아름다운 꽃들이 피어 수를 놓은 듯 아름답다. 우리 문인들을 반겨주고 있다. 애국가 가사에 '삼천리 금수강산 길이 보존하세'라고 했다. 전국 산천초목이 공원처럼 아름답고, 민심이 좋은 나라에 행복하게 살고 있음을 고맙게 생각했다. 충북 괴산 휴게소에서 쉬었다가 떠났다. 춘 4월 춘색완연 하구나. 문인들의 자기소개와 인사, 작품 소개와 장기자랑으로 여행길 즐거운 흥을 돋운다. 지루한 줄 모르고 달린다. 나는 수필 「삶과 세월의 가치」를 낭송했다. 「봄날은 간다」, 「찔레꽃」, 「타향살이」 등 노래로 흥겨운 시간이었다.

내 고향 삼백의 고장 상주시를 지난다. 반갑다 옛 추억이여! 드디어 경주 시내로 접어들어 동리목월문학관(불국로406-3)에 도착했다. 문학신문사 문인 회원들은 문학관 입구 계단 앞에서 기념사진을 촬영하고 동리 · 목월 문학관을 관람했다.

김동리의 작가적 생애(1913~1995)

· 1913년 11월 24일 경북 경주시 성건동 186번지 출생 / 본명은 창귀(昌貴)

· 1934년 신춘문예에 응모하여 시 「백로」 입선

· 1935년 「화랑의 후예」가 신춘문예 당선 문단에 등단함

· 1939년 문단의 중진 유진오 선생과 세대 논쟁의 평론(순수의 비)을 발표, 비평가로 위상을 정립함

· 1960년대에는 「당고개 무당」 「등신불」 「유혼설」 등의 작품들을 발표하여 독자들의 주목을 받음. 「을화」가 노벨문학상 수상 후보에 오름. 서라벌 예대 학장을 역임함

김동리의 작품세계

김동리의 작품 소재와 정서에서 우리들은 민족의 정서를 발견할

수 있으며 가장 한국적인 것이 가장 세계적이란 말을 실감할 수 있다. 「을화」가 세계인들에게 환영 받는 것은 토착 문화의 전통을 인류 보편성으로 받아들여졌기 때문이다. 김동리의 작품 「무녀도」 「황토기」 「바위」 「등신불」 「산화」 「흥남철수」 「을화」 등은 휴머니즘을 바탕으로 인간의 운명적 삶의 공간을 토착성을 배경으로 하여 구성한 작품이다.

「선도산(仙桃山)」은 경주를 사랑하는 김동리의 향수와 운명적 공간으로서의 지역성을 소설화한 작품으로 보인다. 이것은 「무녀도」 「향토기」 「역마」로부터 이어져 오고 있는 민족정서와 고향의식이다.

「등신불」은 소신공양으로 등신불이 된 만적 선사의 인생 고뇌를 현재의 '나'의 입장으로 다루어 인생의 궁극적 운명을 불심으로 승화하고 있다는 점에서 독자들에게 깊은 감명을 준다. 6·25전쟁 무렵 제대하여 귀향한 주인공 '나'가 어쩔 수 없이 겪어야 하는 절망의 비극은 무녀도나 황토기 주인공들이 겪어야 했던 생의 궁극적인 허무주의와 토착화를 기반으로 한 작품으로 높이 평가된다.

· 예술원 회원 피선, 한국 유네스코 위원 피촉(1954)
· 단편 「흥남철수」와 「밀다원 시대」로 자유문학상 수상(1955)
· 한국문인협회 이사장 피선, 국민훈장(모란장) 서훈 받아(1970)
· 대한민국 예술원 회장(1981)
· 「을화(乙火)」로 노벨문학상 본선 진출(1982)

박목월의 작가적 생애(1915~1978)

· 1915년 1월 6일 경북 경주군 서면 묘향리 571번지에서 출생하

여 대구 계성중학교 졸업, 본명은 영종(泳鍾)

· 1933년 동시 「통딱딱 통짝짝」과 「제비맞이」 특선 및 당선된 후 문단에 등단

· 1939년 『문장』지에 「산그늘」 「가을 어스름」 등이 추천되어 시인으로 등단

· 1946년 조지훈, 박두진과 함께 시집 『청록집(靑鹿集)』을 발간함으로써 세칭 청록파 시인으로 문단에 주목을 받았다. 자연과의 교감과 향토적 정서의 세계, 우리 전통적 율조인 민요의 가락으로 정지용 시인으로부터 북에는 '소월' 남에는 '목월'이라는 호칭을 듣게 된다. 그의 대표적인 초기의 시는 「청노루」 「윤사월」 「나그네」 「산도화」 등이며 이 작품들은 『청록집』 『산도화』 등에 실려 있으며 현실적인 삶과 가정을 소개한 중기 시는 「난·기타」 「청담」 등에 수록되었다. 이후 시는 역사적 현실과 존재의 문제, 사실의 본질을 추구하는 개념적 관념성으로 변하기 시작했다. 「경상도 가랑잎」 「시력질」 등에서 그러한 특징이 안정으로 표현되었다. 한양대 교수, 한국시인 협회장을 역임한 그는 동시 작가로서 향토적 시인으로서 국민의 시인(詩人)으로 추앙되었다.

박목월 시세계는 초기·중기·후기로 구분할 수 있다.

초기의 시는 자연과의 교감과 향토적인 정서를 배경으로 본원적인 고향을 추구한 시편들이다. 「윤사월」 「청노루」 「나그네」 「산도화」 등이 초기의 시 중 가장 애송하는 시들이다. 맑고 평화로운 자연 속에서 잃어버린 고향을 찾는 순수한 정서로 창작된 작품들은 압축된 시 형식 속에 무한한 이야기를 내포하고 있으며 동심의 세

계를 추구하고 있는 점에서 독특한 개성적 톤(tone)을 발성한다.

중기와 후기 시는 인생의 존재에 대한 신인식, 문명 비평적 경향은 독자와 거리를 가까이한다는 인식에서 출발했다. 생활 속에서 시의 소재를 찾아 삶과 죽음의 허무함을 현실적 자연과 교감하여 시적 미를 승화하거나 문명 비평적 관점에서 형상화한 시들이다. 「청담」「경상도 가랑잎」 등은 변화에 고민한 박목월의 한 면을 보여주는 감동적인 작품들이다.

· 1940: 『문장』지에 정지용 추천 문단에 등단

· 1954~1970: 서라벌예술대학 교수 / 1959: 한양대 문과대학장 역임

우리 문인들 일행은 동리·목월 문학관을 관람하면서 다른 문학 세계를 깨닫고 이해하게 되었다. 목월의 대표시를 감상하며 마무리한다.

나그네

강나루를 건너서
밀밭 길을

구름에 달 가듯이
가는 나그네

길은 외줄기
남도 삼백 리

술 익은 마을마다
타는 저녁놀

구름에 달 가듯이
가는 나그네

위기 때 더욱 빛나는 리더십

미국은 지금 희망과 긍정의 기운으로 가득하다. 대공황 이후 최악의 경제위기를 통과하고 있는 미국인들에게 "Yes, we can(우리는 할 수 있다)"을 외치는 사나이, 버락 오바마가 제44대 대통령으로 취임했다. 세계가 그에게 기대하는 것은 '전과 다른 리더십'이다. 리더십이란? "리더십은 영향력이다."라는 말은 리더십에 대한 가장 명쾌한 정의다. 구체적으로 조직의 목표를 이루거나 체제를 유지하기 위해 구성원들의 자발적 참여를 유도하는 능력을 말한다. 지배와 관리가 수직적이고 일방적인 의사 전달이라면 리더십은 수평적이고 쌍방향적 소통을 중시한다. 리더십이 바로 설수록 조직이 유연하고 탄력적으로 변하게 되는 이유다.

리더십을 평가하는 기준은 정의로움이다. 『역사를 바꾸는 리더십』의 저자 제임스 맥그리거 번스는 "리더십 자체가 도덕적 행위이므로 정의롭지 않은 리더십은 리더십이 아니다." 라고 주장했다.

히틀러는 강력한 영향력과 지도력을 보였지만 정의로움이 결여된 행위이기에 리더십이라 할 수 없다. 반면 인도의 간디는 연약한 지도자였으나 대의면에서 역사상 어떤 지도자보다도 탁월한 리더십을 발휘했다.

링컨과 루스벨트를 벤치마킹해 지난 해 11월 4일 대선 승리 이후 오바마의 지지율은 고공행진을 계속했다. 이는 그가 경제 위기를 극복해 낼 것이라는 기대감이 반영된 결과다. 경기회복의 가시적 성과가 늦어질 경우 기대가 곧 실망으로 바뀌어 지지율도 추락할 위험이 크다.

일단 성공한 지도자들을 벤치마킹하는 것으로 위기 타개에 나섰다. 첫 번째 모델은 '통합의 리더' 에이브리햄 링컨(재임 1861~65)이다. '검은 링컨'이라고 불리는 오바마는 링컨이 그랬던 것처럼 초당적인 모습을 보이며 국민의 지지에 부응하고 있다.

정적인 힐러리 클린턴을 국무장관으로 받아들였고 정파나 이념을 초월해 미국만을 위해 일할 것을 밝혔다. 그가 연설할 때마다 빼지 않는 "We are one(우리는 하나다)"이라는 말로 진정한 통합을 강조했다.

'위기 극복의 리더' 루스벨트(재임 1933~45) 역시 오바마의 롤모델이다. 정부 역할을 확대해 대공황 타개에 나섰던 루스벨트의 뉴딜 정책을 본받아 이미 '신뉴딜'을 추진하였다.

오바마만의 리더십?

"새 술은 새 부대에 담아야 한다"라는 명언이 있다. 과거의 해법으로 오늘의 문제를 해결할 수 없다는 의미이다. 오바마가 직접 썼다는 취임사의 핵심 주제는 "미국을 제 궤도로 되돌려 놓겠다."이다. 이에 조성용 한국 리더십 사장은 "과거와 달리 미국의 영향력이 확대된 만큼 윤리적인 측면에도 관심을 가져야 한다"라고 강조했다.

미국을 이전처럼 되돌려 놓되, 도덕성이나 신뢰에도 신경을 써야 한다는 지적이다. 남북전쟁이 링컨의 '통합 리더십'을 낳았고 대공황은 루스벨트의 '위기 극복의 리더십'을 만들어 냈다. 사상 최악의 경제위기는 정치 신인 오바마 대통령을 당선시키는 데 큰 역할을 했다. 위기가 곧 기회라는 사실을 오바마 대통령은 이미 알고 있을 것이다.

미국 사우스다코다주 블랙힐스 산지에 위치한 러슈모어 국립 모뉴먼트에 위대한 리더십을 발휘한 초대 대통령 조지 워싱턴, 3대 대통령 토마스 제퍼슨, 26대 대통령 시어도어 루스벨트, 16대 대통령 에이브러햄 링컨(왼쪽부터)의 얼굴이 조각되어 있다.

위기 상황에서 최고의 배(Ship)는 리더십

미국 메릴랜드주 애너폴리스에 있는 미국 해군 사관학교에 가면 다음과 같은 글귀를 볼 수 있다고 한다.

"The bestship in times of crises is Leadership" – 위기 상황에서 최고의 배는 리더십이라는 뜻이다. 이 이야기를 전해 준 분은 전 국회 통상위원장을 지낸 박진 전 의원이다. 지금 새 정부 외교부 장관으로 임명되었다. 전 의원 당시 미국 해군사관학교를 방문했을 때 자신이 직접 본 문구라는 것이다. 해군 장교 출신이기도 한 박 의원은 이 문구 덕분에 콜린 파월 전 국무장관과 허물없는 사이가 되었다고 한다. 파월 장관의 자서전인 『나의 미국 여행』 한국어판 출판기념회에서 축사를 하며 이 말을 했더니 그 자리에 왔던 파월 장관이 박수를 치며 좋아했다는 것이다. "지금까지 들어본 말 중에 가장 훌륭한 리더십 이야기"라고 극찬을 하길래 미국 해군에서 나온 말이란 것만 밝히면 언제든지 사용해도 좋겠다고 기분좋게 저작권을 양도했다는 이야기이다.

위기 상황에서 지혜롭게 빛을 발한다는 것이 리더십이다. 폭풍우를 만난 배는 선장의 리더십에 따라서 침몰할 수도 있고 무사할 수도 있다. 지난 3월에 대선을 통하여 국민의 지지와 선택을 받은 윤석열 대통령 정부는 앞으로 임기 5년간 '대한민국'호를 막중한 책임을 맡아 무사히 목적지 항구까지 항해해 갈 리더십을 실행할 절명의 기회다. 구체적인 선택 기준은 지도자마다 다르겠지만 가장 중요한 기준은 '인테그리티(Integrity)'라 생각한다. 우리말로 '정직성'이다. '진실성'이 될 수 있겠지만 부족하여 영어 단어 '인테그리티'의 의미가 완전히 설명되지 않는다. 자신이 가진 가치관이나 신념 원칙에 따라 일관되게 행동하는 사람이 인테그리티를 갖춘 사람(지도자)이라 할 수 있다. 표리가 동일한 사람, 즉 겉과 속이 다르지 않은 사람, 언행일치 – 말과 행동이 일치하는 사람, 사람들(국민) 앞에서 하는 말과 행동이 혼자 있을 때 하는 언행과 다르지 않는 사람이다. 즉 말과 행동이 일치하여 '보증수표'라 할 수 있는 사람이다.

스티븐 카터 미국 예일대 교수(법학)에 따르면 '인테그리티'는 다음과 같이 3단계를 거쳐 완성된다고 역설했다. 자기 스스로 옳고 그름을 판단하는 것이 첫 번째 단계라면 개인적으로 손해를 보더라도 그 판단을 따라 행동하는 것이 두 번째 단계이다. 옳고 그름에 대한 자신의 판단에 따라 행동하고 있다는 것을 공개적으로 밝히는 것이 세 번째 단계다. 이 세 가지를 보면 그 사람이 '인테그리티

(Integrity)'를 갖춘 사람인지 아닌지를 알 수 있다는 것이다.

고 넬슨 만델라(N. Mandeller, 1918~2013) 전 남아공 대통령의 화해, 용기, 용서, 배려, 정신, 실천에 탁월한 지도자의 성공한 리더십(Leadership) 핵심을 "원칙을 지키는 것이 아니라 목표에 맞춰 전술적으로 변화시킬 수 있는 것"이라고 말했다. 그의 리더십의 비결 몇 가지를 소개하겠다.

· 용기는 두려움이 없는 것이 아니라 사람들이 두려움을 이길 수 있도록 고무하는 것이다.

· 선두에서 이끌되 지지자들과 떨어지지 마라.

· 뒤에서 이끌어 다른 사람들이 선도한다고 여기게 하라.

· 적을 알고 그들이 좋아하는 스포츠까지 배워라.

· 동료뿐 아니라 라이벌이라도 친하게 지내라.

· 그만두는 것도 리더십이다.

· 흑백 논리를 버려라.

· 외모에 신경 쓰고 미소를 잊지 말라.

1993년 만델라는 당시 대통령 프레데릭 데 클레르크 당시 대통령과 공동으로 노벨 평화상을 수상했다. 또한 만델라는 1994년 5월 사상 첫 흑인 참여 다인종 의회에서 첫 흑인 대통령으로 선출됐다.

그의 명언 중에서

"용서는 하되 절대 잊지 않겠다."
"망각은 파멸을 가져오지만 기억은 구원의 비결이다."
– (유대인 학살기념관 입구)

히말라야와 약속 지킨 엄 대장

네팔 오지에 학교 16개 짓다

“히말라야 8,000m급 16좌 완등을 앞두고는 죽음이 너무나 두려웠어요. 히말라야 신께 ‘제발 살아서 내려오게 해 주십시오’ 기도했더니 ‘너, 이놈아 욕심이 과하구나, 내가 너를 데려가려고 했으면 벌써 데려갔지’ 하는 음성이 들리는 것 같았어요. 그때부터 내 성공만 비는 기도가 바뀌었죠. ‘제 꿈을 이루어 주신다면 등반 중에 죽은 동료, 세르파의 가족을 돌보겠습니다. 제가 죽으면 누가 이런 일을 하겠습니까’로 말이지요.”

작년 5월 30일 서울 밀레니엄 힐튼 호텔에서 엄홍길휴먼재단 창립 10주년 기념 후원의 밤이 열렸다. 전국에서 온 450여 명의 후원자가 자리를 꽉 채웠다. 엄홍길휴먼재단은 엄홍길 대장이 자신과의 약속을 지키기 위해 2008년 5월에 만든 단체다. 2007년 5월 로체샤르에 올라 히말라야 8,000m

급 16좌를 완등한 엄 대장이 그해 말 파라다이스 문화재단에서 받은 특별공로상 상금 5,000만 원을 종잣돈으로 냈다. 네팔 오지에 학교를 짓는 휴먼스쿨 사업은 2010년 팡보체를 시작으로 15개 지역에서 알찬 열매를 맺었다. 16번째 학교는 네팔 수도 카트만두 인근에 유치원 초중고 대학으로 이어지는 타운으로 건축할 계획이다.

해발 4,000m 팡보체에 1호 휴먼스쿨

엄 대장은 "산만 보이던 것이 산 밑이 보이고, 거기 터 잡고 사는 사람들의 삶과 아이들이 보이기 시작했어요. 히말라야 오지에서 짐꾼으로 살아야 할 아이들에게 희망과 기회를 줄 수 있는 것은 교육밖에 없기에 16좌 완등의 의미를 담아 16개 학교를 건축하겠다는 결심을 했죠. 10년 만에 그 꿈을 이룬 건 7,000명에 달하는 후원자들의 힘입니다."라고 말했다. 그는 5일 개교한 국립등산학교(강원 속초) 초대 교장을 맡았고, 2018년 스포츠 영웅 최종 후보(6명)에도 올랐다. 엄 대장은 다양하고 많은 후원자 관리에 대해서는 "혼자 산에 다닐 때가 그립습니다. 제 삶이 없어지고 모든 것이 재단 일로 연결됩니다. 하룻밤에 약속 몇 개를 소화하고, 제 얘기를 다룬 영화 「히말라야」는 6번 봤어요. 한국 사회는 얼굴 보고 밥 먹고 해야 정이 생기는 법이지요." 했다.

엄 대장은 '히말라야' 등산 사고로 인하여 오른 발목을 굽히지 못하는 6급 장애인으로 등산 때 무리하면 절대 안 되기 때문에 네팔에 학교를 건축하여 인재를 키우는 게 인생 17좌라고 했다. 교육입국(教育立國), 교육은 국가 '백년지대계'란 명언이 생각난다. 인재 양성은 국가 발전의 기반이다. 엄 대장은 후원자들이 도와준 후원금이 꼭 필요한 때 쓰이는 것을 보여 학교를 설립하기 때문에 네팔 국민들과도 신뢰와 약속을 초지일관 변함이 없다.

1호 휴먼스쿨(팡보체)은 세계에서 가장 높은 곳에 지은 학교다. 해발 4,000m에 있는 팡보체는 '에베레스트'로 가는 관문이다. 1986년 에베레스트 도전 때 셰르파였던 '술딤 도르지'가 사고로 숨졌다. 그가 살던 마을 팡보체엔 홀어머니와 결혼 3개월 된 아내만 남았다. 그곳을 거쳐 갈 때마다 그와 그의 가족들이 더 올랐다. 1호 휴먼스쿨은 당연히 팡보체에 지어야 했다.

산은 알수록 두려운 생명체다. 엄 대장은 6급 지체 장애인이다. 오른발 엄지는 동상으로 잘라냈고, 1998년 안나푸르나 등정 때 부러진 오른쪽 발목은 앞뒤로 굽혀지지 않는다. 쪼그려 앉기 힘들고 오래 걸으면 발목이 퉁퉁 붓는다. 좌골 신경통으로 인해 고산 등반 때 너무나 고생을 했다.

히말라야 14좌를 완등한 김창호 대장이 얼마 전 사고를 당했고 박영석 김형일 대장도 2011년 목숨을 잃었다. "사실 저도 크레바스 속에 냉동 인간이 돼 있는 게 맞아요. 동료를 잃으면서도 살아올 수 있었던 것은 새 생명은 히말라야 신이 내려 주신 것이라고 생각합니다. 산을 알면 알수록 살아서 움직이는 생명체로 보이고 두려움은 상상을 초월합니다. 후배들이 도전은 그 자체로 가치 있는 것이고, 저는 또한 다른 가치를 설정해서 살고 있는 것이지요." 고산 등반에서 가장 중요한 건 살아서 돌아오는 것이다.

그러면 '안전'과 '도전'은 양립할 수 없는 것일까? "도전하기 위해 산에 들어서는 순간부터 안전은 보장할 수 없는 것이다. 다만 어느 정도 위험하냐는 정도의 문제가 있을 뿐이다. 그래서 더 철저히 준비해야 하고 절대 욕심을 내거나 무리수를 두면 안 된다.”

몇 장 사진을 설명하겠다. ① 네팔 룸비니순디에 지은 휴먼스쿨에서 아이들과 함께 손들고 즐거워하는 엄홍길 대장 ② 2007년 로체샤르에 등정해 히말라야 8,000m급 16좌 완등을 이룬 엄 대장 ③ 1호 휴먼스쿨이 들어선 팡보체에서 아이와 인사하는 엄 대장 ④ 히말라야 등반 도중 숨진 박무택 대원의 아들과 함께한 엄 대장.

2006년 로체샤르 등정은 반대였다. 정상 150m를 남기고, 날씨는 쾌청했고, 컨디션, 장비 모두 완벽했다. 잠깐 쉬는 엄 대장의 얼굴로 찬 바람이 쌩 불어왔다. 정신을 번쩍 차려 정상을 보니 도저히 범접할 수 없을 것 같았다. 엄 대장이 “안 되겠다, 철수다” 하자 함께 있던 동료와 베이스 캠프는 난리가 났다. 그럼에도 엄 대장은 떨어지지 않는 발걸음을 돌렸다. “그때 갔으면 눈사태로 다 죽었을 겁니다. 욕심은 등반가의 금물이며 죽음입니다.”

엄 대장이 도전하는 ‘인생 17좌’는 휴먼재단이다. 그는 “아이들을 위해 더 많은 학교를 짓고, 그 아이들의 대학 장학금을 지원하고, 네팔을 이끌고 가는 인재로 육성하는 게 향후 10년의 목표”라고 옹골찬 ‘인생 17좌’ 도전 성공 플랜을 말했다.

엄홍길 대장은 15번째 학교인 둘리켈 휴먼스쿨 준공식이 기다리고 있는 네팔로 떠났다.

『대표수필작가 선집』(2020년)

젊음은 왜 걷는가

– 대학생 국토 대장정

"흙 한 줌, 풀 한 포기 함부로 밟지 말고, 돌부리 하나라도 걷어차지 말아라. 발걸음 옮길 때마다 생각하며 디뎌라. / 국토(國土)란 무엇이냐? 그 흙 어디서 온 거냐? 조상의 몸이 변신하여 생겨난 것 아니냐? 선영(先塋)에 성묘하듯이 고이 밟고 오너라. / 실상은 우리 모두 이 흙으로 만들어져 조만간(早晩間) 그것으로 돌아갈 존재임을 기나긴 대장정(大長征) 동안 명심하며 걸어라."

(대학생 국토 대장정 출정식에서 시인 남대극 박사)

웬만하면 걸어 다닌다는 배우 하정우가 쓴 책 『걷는 사람, 하정우』에 이런 글이 있다. "티베트어로 '인간(人間)은 걷는 존재(存在)', 혹은 '걸어서 방황하는 존재'라는 의미라고 한다. 나는 기도한다. 내가 앞으로 계속 걸어 나가는 사람이 되기를, 어떤 상황에서도 한 발 더 내딛는 것을 포기하지 않는 사람이기를"

그는 2011년 방송에서 정신없이 했던 공약 때문에 서울에서 해남까지 577km를 걷는 국토 대장정을 하게 되었고 그 후 '걷기 도(道) 교주'가 되었다.

여름철 한복판을 걸으면서 관통하는 젊은이들이 있다. 불볕도, 폭우도, 물집도 이들의 대장정은 멈추게 하지 못했다. 그들은 스스로 한계까지 몰아붙이는 의식(儀式)을 행하여 '나를 찾고 우리를 재발견한다.'는 굳은 신념이 있었다. 제22회째 동아제약 국토 대장정이 원조다. 부단히 도전하는 자랑스러운 산악인 엄홍길 대장과 동행하는 제7회 DMZ 평화통일(平和統一) 대장정 발대식이 지난 8월 7일 서울 광화문 광장에서 열렸다. 엄홍길 휴먼재단(이사장 이재후)에서 기획한 이 행사는 대학생들이 분단의 상징인 휴전선을 따라 걸으며 평화통일을 염원하고 도전 정신을 키우자는 취지로 시작되었다. 히말라야 8,000m급 16좌를 완등한 엄 대장이 대원들을 이끈다. 올해 대장정은 엄홍길 휴먼재단과 코리아중앙데일리가 공동 주최했다.

발대식을 마친 대원들은 버스로 강원도 고성으로 이동, 다음 날부터 장정을 시작했다. 고성에서 인제~양구~화천을 거쳐 경기도 연천~파주를 지나 임진각 평화누리 공원에 도착하는 14박 15일(7.7 ~ 7.20) 350km 일정이다. 금년에는 220명 대학생이 지원하여 체력테스트와 면접을 거쳐 90명(남 56명, 여 34명)을 선발했다. 행진 중 규칙은 낙오하면 구급차를 탈 수 있으나 3회 승차시 자동 탈락이고, 숙소에서 음주, 흡연 등 금지행위를 한 대원도 퇴소 조치된다. 3일째 한 여성 대원이 발목 부상으로 기권했고, 남학생 한 명은 흡연이 적발되어 퇴소했다. 도전, 열정, 평화, 통일 4팀으로 나눈 대원은 조별로 구호를 힘차게 외치며 계속 전진했다. 말이 도보지 앞쪽은 속도, 뒤쪽은 구보 수준이었다. 앞뒤 간격이 조금만 벌어져도 진행 요원이 '앞으로 밀착'을 외쳤고 대원들은 종종걸음 대열을 유지하려고 애썼다. 오르막 때 엄 대장은 속도를 더 올리는 것 같았다고 했다. 대원들의 얼굴이 일그러졌고 몇몇 여자 대원들이 처지기 시작했다. 남학생들은 지친 여학생의 배낭(약 8kg)을 대신 메거나 뒤에서 밀어줬다. 탈진한 대원들은 구급차를 탔고, 견딜 만한 대원은 '7번 반'에서 계속 행진했다. 대원들 후미에 있는 7번 반(반장 김범기 휴먼재단이사)은 재단 이사들과 의료진 자원봉사자로 이루어진 팀으로 처진 대원들과 함께 걸으며 힘을 넣어 주었다.

양구에서 화천으로 넘어가는 깔딱 고개가 이날의 고비였다. 대원들은 "할 수 있다", "힘을 내라 힘을 내"라고 격려하며 고갯길을 올라섰다. 오천터널을 지나자 내리막길이 길게 이어졌고 끊임없이 노랫소리가 울려 퍼졌다. 반대에서 힘겹게 사이클 페달을 밟으며 올라가는 라이더가 보였다. 누군가 "힘을 내라 힘을 내" 소리쳐 웃음이 터졌다. 오르막이 있으면 내리막이 있는 법, 그것이 우리가 사는 인생길이다.

드디어 목적지 평화의 댐에 도착했다. 대원들은 평화의 댐 광장에 텐트를 쳤고 물문화관 샤워실에서 몸을 씻고 땀에 젖은 옷을 빨았다. 1인당 샤워 시간 10분은 여자들에게는 너무 짧다. 여학생 대장 이수민 씨는 "여자들이 가장 힘들어 하는 게 씻는 것이지요. 투덜거리던 친구들이 하루만 지나면 '씻을 수 있다는데 감사하다'

로 바뀌었다."며 웃었다.

다음 날 꿀맛 같은 휴식일이다. 대원들은 밀린 빨래를 해서 말리고, 물집과 상처로 엉망이 된 발을 치료하였다. 남학생 대표 박찬원 씨는 "작년에 산티아고의 순례길을 완주하면서 걷는 기쁨과 보람을 알게 되었어요. 그날그날 숙소에 도착할 때 희열이 넘쳤어요. 가만있으면 같은 것을 보게 되지만 걸으면 다른 것을 보고 다른 사람을 만날 수 있잖아요"라고 말했고 이 말에 모두 힘을 얻었다.

물집 왕 선발 대회 등 다양한 이벤트도 있었다. 이수민 씨는 "너무 힘들어 하면 남자 동료가 배낭을 달라고 하는데 그게 너무 미안하고 힘들었어요. 그 친구는 '미안해 하지 말고 주려면 일찍 줘라. 네가 낙오하면 그게 우린 더 힘들다. 다 함께 완주하기로 했잖아' 그래요. '아, 이게 덤이라는 거구나' 느꼈죠"라고 말했다.

행정 요원 손혜원 씨는 대장정 5기 출신이다. 2년 전 대장정에서 남자 친구를 만났다는 손 씨는 "함께 극한의 고통을 견디어 낸 게 서로를 끈끈하게 엮어 주는 것 같아요. 당시 여섯 커플이 나왔는데 아직 헤어진 팀이 없어요. 언젠가 '대장정 베이비'도 나오겠죠" 하며 웃었다.

인터뷰 장면을 열심히 찍는 여학생이 있었다. 모든 일정을 영상에 담아 유튜브에 올리는 김수빈 씨다. 자그마한 체구에 카메라를 들고 행군 대열의 앞뒤를 뛰어다니는 영화과 학생이다. 김 씨는 "시나리오를 만들려면 독특한 캐릭터가 필요해요. 이 불볕더위에 보름간 국토 대장정을 하다니 참 희한한 사람들이라고 생각해서 찍으려고 왔죠"라고 했다. 박지혁 씨 경우는 한 달 전까지 군인이었다. 전역하고 곧바로 대장정을 신청했다. "일찍 자고 일찍 일어나기, 책 읽고 일기 쓰기 같이 군인에서 익힌 습관이 전역하면 흐지부지될까 봐 두려웠어요. 여기는 군대에서 사회로 나가는 훈련소라고 생각했습니다."라고 말했다. 오후에는 평화통일(平和統一) 콘서트가 열렸다. 조별로 준비한 장기자랑 무대는 상금과 자존심이 걸려 있어서 불꽃이 튀었다. 아픈 다리를 끌고, 하루뿐인 시간을 쪼개 준비한 노래와 댄스는 끼와 힘이 넘쳐 흘렀다. 장기자랑 열창하는 대원의 모습은 대단했다.

국토 걷기 원조는 동아제약(박카스)의 대학생 국토 대장정이다. 1998년에 시작하여 제22회를 맞는 박카스 대장정은 경쟁률이 100대 1에 육박할 정도다. 남녀 72명씩 144명이 20박 21일 매년 다른 루트를 걷는다. 금년엔 경북 포항을 출발하여 동해를 따라 북상 강원도 고성까지 573km 행보한 뒤 지난 7월 18일 완주식을 거행했다.

7년째 대장정을 총괄하는 동아제약 김경태 부장은 "그동안 국토 대장정의 방향이 도전 극복에 집중되었다면 이제 공동체를 생각할 때다. 대장정의 본질적 가치를 고수하면서 트렌드와 젊은이의 감정을 접목해야 한다."고 말했다. 김광재 운영본부장도 "우리도 전체 일정과 프로그램을 고민하고 있다. 하지만 젊은이들에게 도전과 성취의 창을 제공하는 역할만큼은 지켜야겠다"고 다짐했다.

장래에 이 나라를 이끌고 나갈 젊은이들이여! 이상(理想)과 꿈, 대망의 각오를 굳게 다짐하기를 바란다.

『재림문학』 제23호(2020년)

철인 3인 사막 횡단 성공

"내 삶을 바꾼 일대 사건, 인생(人生)에 단 한 번뿐일 경험이었다." "대서양(세네갈 생루이항)에서 시작된 우리의 행로는 홍해(수에즈 해협)에서 끝났다. 그 사이 달린 거리는 6,437km, 우리는 지옥을 달렸다."

미국, 캐나다, 대만에서 온 철인 3인은 111일(2006. 11. 1~2007. 2. 20)에 걸쳐 세계 최대의 넓은 사막인 북아프리카 사하라를 달려 횡단하는데 성공했다. 북아프리카 옛 문헌들에는 사막을 건너는 고대인의 이야기가 나오지만, 현대에 와서 이들처럼 두 발로 사하라를 달린 사람들은 없었다.

인간의 한계에 도전한 철인들은 미국의 찰스 잉글(44세) 캐나다의 레이 자하브(38세), 대만의 캐빈 린(30세), 리더인 잉글은 TV 프로듀서 겸 모험가로서 초장거리 마라톤주자로 익스트림(극한) 스포츠 세계에서 유명한 인물이다. 그는 이미 중앙아시아의 고비사막과 아마존 보르네오 정글을 가로지른 경험이 있으며 북미 최고봉 매킨리산 등정, 미국 제네바다주 데스밸리 사막 횡단 기록도 갖고 있다. 승마 기수 출신인 자하브와 아시아의 젊은 모험가 린도 칠레 아타카마 사막 횡단 등의 경험을 갖고 있다.

이들의 행로는 2006년 11월 1일 세네갈의 항구도시 생루이에서 출발했다. 모리타니의 네마를 지나 모래밭과 포장도로를 번갈아 오가며 말리에 있는 세계적 문화유적 톰북투(영어명: 팀벅투)를 지났다. 이어지는 코스는 세계 최빈국 니제르의 아가데즈와 빌마로 이어지는 '소금길' 북아프리카 역사책에서 빠지지 않는 고대 소금 행상들의 루트다. 리비아의 알 카르툰을 지나 이집트 수도 카이로를 거쳐 다음 해인 2007년 2월 20일 종착지인 홍해의 수에즈 해협에 이르기까지 총 6,437km, 6개국(세네갈, 모리타니, 말리, 니제르, 리비아, 이집트)을 통과하는 여정이었다.

철인들의 하루는 오전 4시에 시작하여 오후 9시 30분 텐트에서 잠이 들 때까지 이어졌다. 하루에 마라톤 경기를 2번씩 주행하는 장거리 달리기가 111일(3개월 21일) 계속된 것이다. 낮의 더위는 40도에 이르고 밤에는 영하로 떨어지는 사하라의 혹독한 날씨, 때론 숨쉬기조차 힘든 모래바람과 열파(熱波)에 피부병과 부상이 끊이지 않았지만 하루도 달리는 것을 쉬지 않았다.

철인들의 도전은 국제구호단체 'H20 아프리카'가 아프리카 물 부족 문제에 세계인의 관심을 촉구하고 기금을 마련하기 위해 기획

했다. 세계보건기구(WHO)에 따르면 지구촌 곳곳에서 11억 명이 식수 오염에 고통받고 있고, 매일 어린이 4,500명이 물 부족과 수인성 질병으로 목숨을 잃는다. 사하라 횡단팀은 아프리카의 심각한 물 문제를 직접 체험하기 위해 곳곳에서 마을들을 찾아 물을 얻으며 생존을 위한 투쟁을 체험했다. 'H20 아프리카' 후원자인 배우 맷 데이먼의 해설과 함께 「사하라를 달린다」(Running the Sahara)라는 다큐멘터리 필름을 제작 방영하며 적극적으로 광범한 구호 활동을 하고 있다.

인생 사막을 건너는 방법

몇 년 전 교보문고를 들렀다. 『사막을 건너는 여섯 가지 방법』을 구입하여 대충 읽고 두었다가 다시 자세히 읽으면서 저자의 집필 동기를 깊이 깨닫고 독후감 형식의 글을 써 봤다.

작자 스티브 도나휴(Steve Donshud)는 세계 최대의 사막을 종단하기로 했다. 따뜻한 해변으로 간다는 목표 외엔 아무런 계획이나 상세한 일정도 없이 생사의 기로를 넘나들며 수십 일간 길을 찾아 헤매면서 그는 불확실한 인생의 사막을 헤쳐 갈 지혜를 얻게 된다. 사하라 사막 여행은 이후 몇 차례 직업을 바꾸고 결혼과 이혼 과정을 거쳐 자녀를 키워낸 그의 개인적인 삶에 지대한 영향을 끼치는 한편 세계적인 컨설턴트로서 독창적인 변화 관리 모델을 만들어내는 결정적인 계기를 제공한다.

힘들고 고독한 인생 사막을 건너며 살고 있는 분들께 눈앞에서 길을 인도하던 산봉우리가 한없이 펼쳐진 외로운 모래사막으로 변할 때 우리는 사하라 사막, 인생이라 불리는 사막을 건너는 법을 배우게 된다. 삶은 체험의 과학이다. 경험이 산 참지식이다. 당신은 지금 사막을 건너는 중인가? 아니면 산을 타는 중인가? 등산은 시작과 마무리가 보이지만 사막을 건너는 것은 보이지도 않고 종착 지점을 볼 수도 없다. 흔히 삶을 등산에 비유하지만 실제로 긴 인생 여정은 사막을 가는 것처럼 어렵다. 산악인, 사막 건너는 이는 정신자세가 다르다. 지도를 따르지 말고 나침반을 따라가라. 인생이란 목표가 애매모호하거나 또한 최종적인 결과라기보다는 일종의 삶의 과정이라 보는 것은 사막 건너기와 동일이다.

인생과 마라톤(Marathon) 경기와 유사점은?

1) 시작부터 빨리 꾸준히 달린다.
2) 달리는 가운데 어려움을 극복할 각오를 한다.
3) 음료수와 컨디션을 조절하면서 달린다.
4) 달리는 가운데 넘어지면 승리는 불가하다.
5) 고난 극복으로 장기 훈련자만이 최후의 승리자다.

삶을 크고 깊게 보면 등산보다는 사막을 건너는 것이라 할 수 있다. 인생의 사막엔 항상 넘어야 할 산맥이 있다. 자녀 출생을 등산이라면 양육하는 것은 사막길이다. 우리 마음속의 나침반은 세 가지 일을 한다.

① 길을 잃을 때 방향을 찾을 수 있다.

② 우리 길을 사막으로 이끌어 준다.

③ 우리가 목적지 자체보다 삶의 과정에 중점을 두게 함이 삶의 나침반은 하라 할 수 있다. 긍정적, 적극적 인내, 몰입 사랑 조물주(하나님) 의지 등 인생 과정의 변화무쌍에서 대처하며 살도록 해준다. 내면이 가리키는 방향을 알 수 있다면 길 잃을 때나 지도 없는 곳이라도 계속 앞으로 나아갈 수 있다.

• 오아시스를 만날 때마다 휴식하라.(쉼터, 샘터, 물)

① 쉬면서 기력을 회복한다.

② 여정을 되돌아보고 바로잡는다.

③ 같은 여정길에 다른 사람들을 만난다.

이 일을 마치고 이 프로젝트를 끝내고 나면 시간이 날 거라고 생각하며 오아시스를 지나친다. 그러나 사막은 계속된다.

• 모래에 갇히면 타이어에서 공기를 빼라.

지나친 자아의식 때문에 춤추기를 두려워하는 사람이 얼마나 많은가. 누구도 어리숙해 보이는 것을 좋아하지 않는다. 그림 수업, 시 쓰기, 외국 배우기, 노래 부르기…. 자아에서 공기를 조금만 빼면 수많은 즐거움이 기다리고 있다.

• 캠프파이어에서 한 걸음 멀어지자.

안전하고 따뜻한 캠프파이어가 비추는 것은 지정한 세상의 일부분에 불과하다. 때론 정말 중요한 것을 얻기 위해서는 사막의 깜깜한 어둠 속으로 나가야 한다.

• 인생의 여정길 혼자, 함께 여행하라.

인생의 사막을 건너는 것은 고독과 외로움 다른 사람들과 동행하는 것이다. 그리고 다른 이의 도움 받는 사이에서 춤을 추는 것과 동일하다.

• 허상의 국경에서 멈추지 말라.

사막은 끝이 없지만 종종 진정한 휴식을 안겨 주는 경계선이 있다. 남편을 잃은 여인이 일 년 만에 처음으로 웃었을 때, 새 직업에 적응하고 비로소 휴가를 가게 되었을 때, 자녀가 학교에 입학할 때, 집을 떠나 독립할 때, 진정한 인생의 경계선을 건너고 나면 또 다시 새로운 여행이 시작된다. 국경선의 보초는 우리 안에 있는 정신세계의 일부다. 허상의 권위에서 나오는 목소리다. 현재의 나와 앞으로 변화한 후에 내 모습을 가르는 경계선을 건너면 통제력을 상실할까 봐 두려워하는 우리 자아의 모습이다.

우리 마음속의 이 보초는 제임스 얼 존스와 같은 권위 있는 목소리로 이야기한다. 이 허상의 국경선은 잘못된 신념과 두려움, 그리고 우리가 진실이라고 생각하는 잘못된 가정이 지배하고 있다. 나를 지배하고 있다고 믿는 것이 비합법적이고 그 논리가 잘못된 것일지라도 그것에 이의를 제기하는 것은 어렵다. 우리를 가로막는 허상의 국경선은 우리가 터득하지 못한 사막의 규칙들과 연관되어 있는지 모른다.

아가데즈와 니아메를 이어주는 뼈까지 흔들릴 정도로 울퉁불퉁한 960km 길의 어느 중간에선가 사하라는 끝났다. 정확히 어느 모래

언덕이 마지막인지 어떤 나무가 끝인지 구분하기는 힘들다. 사하라 사막과 마찬가지로 우리 인생에 변화의 사막은 우리도 모르는 사이에 끝났다. 우선 사막을 다 건넌 것을 축하해야 될 일이다. 축하는 우리가 인생의 여행길에서 매 순간 충실하게 살아왔음을 다시 한번 확인해 준다.

자산어보(玆山魚譜)

우리 어록을 체계적으로 분류한 학자 정약전[丁若銓:1758-1816 다산(茶山)의 둘째 형] 타계 200돌을 맞이하여 유배지 흑산도에서 저작한 『자산어보』(玆山魚譜)의 자취를 찾아 나섰다. 남양주 다산 생가에서 강진까지 답사는 모두 잘 살게 하는 실학 기행이라 했다. 수년 필자는 수필집 3, 4집에 「다산초당」과 「하피첩」을 집필하였다. 자산어보 산실을 쓰게 되어 보람된 인연이라고 생각한다. 실학기행 2016년 흑산도는 고도였다. 목포에서 배를 타고 일주일, 날씨가 나쁘면 보름 넘게 걸려야 닿을 수 있는 고도다. 쌀과 소금이 나지 않는 척박한 섬이다. 나라에서 큰 죄를 지은 죄수들을 이곳으로 유배 보냈다. 전남 신안군 흑산도다. 지금 목포에서 쾌속선으로 1시간 50분, 홍어로 이름난 관광명소이지만 조선시대에는 극형의 유배지였다.

2016년 5월 흑산도에 반가운 손님들이 찾았다. 교수, 영화감독, 기업인 등 40여 명으로 구성된 '실학기행 2016' 참가단이다. 다산연구소(이사장 박성무) 실무진과 함께 두 세기 전 이곳에서 한국 해양생물학의 고전[자산어보(慈山魚譜) 혹은 현산어보]을 완성한 손암(巽庵) 정약전(丁若銓: 1758-1816)의 돌담집을 찾았다. 흑산 항구에서 순환도로를 따라 반대편 사리(沙里)에 도착했다. 마을 한복판 유배문화 공원에서 돌담을 따라 조금 올라가면 손암이 살던 복성재(復性齋)가 나왔다. 새로 복원한 건물에 손암 동생 다산 정약용(1762-1836)의 글씨를 딴 현판 사촌서당(寺村書堂)이 달려 있다.

손암은 이곳에서 불후의 명작인 『자산어보』를 완성했다. 유배지에서 핀 동백꽃이었다. 유배 생활에서 가장 보람된 결실이었다. 필자가 쓴 고산 윤선도(尹善道)의 '시문학 정화'가 기억된다. 보길도 유배 생활에서 문학의 꽃 「어부사시사」, 「오우가」다. 천주교도로 몰려 귀양 온 처지였지만 마을 주민들과 동고동락하며 우리 바다에 나는 어족(魚族) 226종을 체계적으로 분류했다. 물고기, 바다벌레, 해초의 생태를 총 2만 3000여 자로 꼼꼼하게 기록한 선비, 실학자로서 손암이 돋보이는 대목이다. 마침 금년에 손암 타계 200주년이 되는 해이다.

정명현 임원경제연구소장은 이날 특강에서 박물학자 손암을 주목하여 그는 "손암은 손수 물질까지 하며 어부들 사이에 수백 년 내려온 지식을 과학적으로 증명한 '한국의 린네'(1707-1778, 식물 분류법을 만든 스웨덴 학자)였다."라고 하며 "사람이 먹고 사는 문제를 다룬 그의 실용적 면모는 이 시대 지식인의 책무에 대해 많은 것을 생각하게 한다."라고 말했다.

답사진은 손암과 다산의 눈물겨운 형제 우애도 기억했다. 손암을 둘도 없는 지기이자 스승으로 여겼던 다산은 유배지 강진에서 형님을 그리워하는 편지를 보냈고, 형 또한 동생의 안위를 살피며 걱정했다. 동생이 유배지에서 풀려난다는 소식에 거처를 흑산도에서 목포와 가까운 우이도로 옮길 정도였다. '동생이 험한 바다를 건너 보러 오게 할 수 없기' 때문이었다. 『자산어보』 또한 손암의 현장 경험에 다산의 제자 이청(이학래, 1792-1861)의 문헌 고증을 거쳐 완결되었다. 손암, 다산, 이청의 공동 결과물이라 해도 과언이 아니다.

박석무 이사장은 "다산은 손암의 학문이 더 높다고 판단해 늘 형의 의견을 물었다."라고 하며 "두 형제는 둘도 없는 우애와 공부하는 가족이 해체되고 학문이 분화된 이 시대에 큰 시사점을 던진다."라고 했다. 다산의 7대 종손인 정호형(58, EBS 정책기획 센터장) 부부도 답사에 동행했다. 정씨는 "그간 다산의 유적을 많이 다녔지만 흑산도를 찾은 것은 처음"이라며 "함께 읽고 쓰고 토론하는 선조들을 보며 줄 세우기, 편 가르기에 빠진 지금의 우리를 반성하게 된다."라고 했다. 이번 기행은 사흘간 진행됐다.

다산의 출생지이자 마지막 거처였던 경기도 남양주시 다산 생가를 시작으로 다산의 과학사상과 기량이 집약된 수원 화성, 다산이 흠모했던 성호(星湖) 이익(李瀷:1681-1763)의 경기 안산 성호기념관과 반계(磻溪) 유형원(1622-1673), 전북 부안 유적지 『목민심서』·『경세

유표』 등 다산의 대표작이 태어난 전남 강진 다산초당 등을 두루 돌았다. 특히 반계-성호-다산으로 이어지는 실학 3조(祖)가 남긴 유산을 성찰했다.

박성무 이사장은 "반계와 성호는 평생 재야에 살면서도 나라를 위한 걱정에 각각 『반계수록』·『성호사설』을 썼다."라고 하며 "깊은 외로움과 고통 속에서도 국가를 일으킬 대안을 고민했던 그들 모두는 보배 같은 존재"라고 설명했다. 다산 기행 동참자들도 '새로운 출발'을 굳게 약속했다. 분열과 대립의 오늘을 이겨내는 지혜를 탐색했다. "사회적 고통을 직시하며 모두를 잘살게 하는 공부"(서울대 이현정 교수) "서로 기대며 성장하는 형제애를 담은 창작 판소리 제작"(공연기획자 양정순) "사심 없는 태도와 치열한 정진"(인하대 김태성 교수) 등을 다졌다. 다산(茶山) 자신이 즐겨 쓴 호는 사암(俟菴), 미래를 기다리는 바위라는 뜻이다. "아직도 다산의 실학사상은 현실에서 이루어지지 않았다."(이달호 수원화성 연구소장)는 한마디가 묵직하게 마음 길에 새겨진다.

‘희망용기’ 북돋는 말로

인간관계 전문가의 글을 읽고 요약 정리해봤다

인간관계는 사회생활의 출발이자 마지막이라고 할 수 있다. 성공하는 사람들이 말하는 성공담엔 좋은 인간관계 이야기가 빠지지 않는다. 그렇다면 좋은 인간관계, 다양한 인맥이 성공의 밑거름이 되었다는 것이다. 그렇다면 좋은 인간관계, 다양한 인맥을 위해서는 어떻게 할 것인가? 작가로서 인간관계에 천착한 여러 가지 작품을 발표했고 최근 ‘이런 사람 주변에 사람들이 몰린다’와 ‘자기 주변에 사람을 모이게 하는 능력은 성공의 원동력이 된다’고 역설했다. 그는 자기 주변에 사람이 모이게 하는 노하우를 다음과 같이 말하였다.

입지전적인 사람의 주변에 사람들이 몰린다

자기를 믿는 힘 하나만으로 노력해 눈부신 결과를 창조해 낸 성공신화 주인공은 무수히 많다. 괴로움도 좌절도 없이 탄탄대로를 달려왔을 법한 우리 시대의 리더들은 자신의 노력으로 이룬 결과가 얼마나 값어치 있는 것인지 누구보다도 잘 알고 있다. 어떤 어려움 속에서도 자신을 믿는 모습 속에서 그들은 인간이란 얼마나 위대한 존재인가를 증명해 보이고 있는 것이다. 이 같은 진리에 가까운 사실만으로도 마음이 동한 사람들은 몰려든다. 자고로 '개천에서 용이 난다' 진리는 어느 시대고 통하는 법이다.

긍정적인 사람 주변에 사람이 몰린다

인간의 마음은 길들이기 나름이다. 사람은 어디서 어떤 경우든지 강인한 정신력을 가질 수 있는 동시에 환경의 지배를 받는 존재라는 것은 간과할 수 없다. 같은 목표와 의지를 가진 사람들끼리 어울리다 보면 알게 모르게 서로가 영향을 주고받을 수 있다. 이에 따른 정보를 교환하거나 공유할 수 있게 된다. 무엇보다도 동일한 목표를 갖고 모인 사람들은 반드시 해낼 수 있다는 용기를 서로에게 북돋아 주는 긍정적인 자극제 역할을 하게 된다. 이런 경우에는 함께하는 사람들, 그 자체가 자신을 채찍질하는 회초리이자 자신의 현재를 가늠하는 거울이 된다. 사람들은 이렇게 긍정적인 영향을 주는 사람들 곁에 두고 선순환의 사이클을 타고 싶어 한다.

자신을 가꾸는 사람 주변에 사람들이 몰린다

외모·실력 겸비로 성공한 이미지는 자석 효과가 있다. 현시대는 외모 중시는 경쟁력인 시대다. 한 가지 명심해야 할 것은 겉으로 드러나는 이미지 진가를 분명히 발휘하려면 실력 배양을 잘해 둬야 함은 기본이란 사실이다. 무엇이든지 독하게 덤벼 배우고 자기 것으로 만든 지식은 곤란할 때 자신을 구해주는 지혜이자 무기가 된다. 이런 능력에 대한 새로운 면모는 외모나 이미지의 유효기간을 연장해 준다. 직장 및 사회생활에서 그 사람이 가진 능력은 다른 사람들로 하여금 자석같이 끌어당기는 힘으로 작용한다.

재산 관리 잘하는 사람 주변에 사람이 몰린다

자본주의 현대 사회 유행어가 생각난다. "머니머니 해도 머니가 제일!" 인생에서 실제적인 부와 돈이란 때로는 현실적인 무기가 되기도 하고 방패가 되기도 한다. 돈과 부라는 단어는 보호막이 되기도 하고 기회를 제공해 주기도 한다. 돈과 부에 밝은 사람들의 대화는 그래서 아주 현실적이면서도 생동감을 준다. 그리고 그 대화는 자신이 살아가는 세상이 어떻게 운용되는지 그 원리를 깨닫게 해 준다. 마땅히 그들의 돈을 노리고 접근하는 것이 아닐지라도 그들과의 대화는 현실에서 요구하는 부와 돈에 대한 생생한 정보를 얻을 수 있기에 자본주의 세상을 살아가는 우리는 자연스럽게 그 주위에 집결하게 된다.

지도력(리더십)이 있는 사람 주변에 사람이 몰린다.

작은 조직에서도 사리 판단 빠른 리더 훈련이 필요하다. 리더가 될 사람들은 자신이 언제 나서고 언제 물러서야 할지 그 때를 잘 알고 있다. 그래서 사회생활이나 직장생활 할 때도 자신이 발 뻗고 누울 자리가 어딘지 재빨리 분간해 낸다. 학창 시절에 학생회장이나 반장을 맡아 본 사람들을 사소한 일에 시시비비를 가리거나 말도 되지 않는 억지를 부려 주위 사람들을 피곤하게 만들지 않는다. 리더로서 그 역할을 해 본 사람들은 일단 조직사회 개념을 잘 알고 있다. 사회 주류를 이루는 사람들은 크고 작은 여타 조직의 리더다. 옛 속담에 "용 꼬리보다 닭의 머리가 되라"라는 말이 백번 지당하다.

대화를 잘하는 사람의 주변에 사람이 몰린다

상대가 소중한 사람이라는 생각이 들도록 배려하는 일은 성공적인 대화의 기본 예의다. 내 마음을 먼저 열고 있는 그대로 표현하는 일 역시 상대를 알아가기 위한 사전 준비다. 함께하는 시간 내내 상대에게 얼마나 충실하고 있는가를 보이며 나를 공경하는 것이 공감 능력이고 성공적인 대화의 기술이다. 친구든 연인이든 직장동료든 사제지간이든 서로에게 믿고 의지할 만한 희망을 품게 만드는 것은 각자가 갖추고 있는 자연스러운 매력이 있어야 가능하다. 당신과 함께라면 모든 일이 다 잘될 것만 같은 믿음이 싹트는 일, 그것이 지속적인 관계의 씨앗인 것이다. 모든 것은 마음먹기 나름이고 내 가치를 인정해 주는 귀인을 만나는 것은 귀인을 알아보는 안목을 가졌느냐에 달려 있다. 당신은 자신이 옳은 말을 했을 때 "그렇지! 그렇지"라고 말해 주는 누군가를 가졌는가?

계림(桂林), 자연의 절경

그해 늦가을 11월 초순 재림 교회 대전지역 문서전도사님들과 신성식 교장 내외와 27명이 3박 4일 일정으로 중국 계림산 봉우리들 절경 관광에 나섰다. 인천공항에서 아시아나 항공기편으로 설레는 마음으로 중국 남서부 산봉우리 자연 절경을 보고 즐기기 위하여 출발했다. 비행기 창문으로 내려다보이는 정경도 아름다웠다. 넓은 땅의 나라 중국 대자연도 더욱 아름답구나. 산과 강 넓은 평야와 산봉우리들 모두가 장엄하구나.

동행인들과 정다운 대화를 나누며 중국의 삼대 문화를 생각한다. 첫째, 한문문화(漢文文化)의 종주국이다. 평생 배워도 끝이 없는 한문자와 언어 글 배우기다. 둘째, 광범위한 대자연이다. 다 가 볼 수 없다. 셋째, 세계화된 다양한 맛의 중국 요리다. 다 먹어 볼 수 없다. 중국요리 세계화 시대다. 북방국경의 오랑캐 침입을 막기 위하여 수백 년간 축성했다는 만리장성(萬里長城)! 65개 국가와 국경을 접하고 있는 대 중국! 인구 13억 명, 56개의 소수민족 한족 82% 소수민족 8%다. 여행은 많은 것을 배울 수 있는 절호의 기회다.

이런저런 여러 가지 대화를 하다 보니 평야와 도시가 바둑판처럼 보인다. 저 멀리 목적지 계림공항이 보인다. 하강하여 착륙을 준비한다. 비행기 여행은 이륙과 착륙 11분이 긴장의 순간이다.

관광버스로 이동하여 첫 관광지 중심 동산의 우람한 모습이다. 피사탑 모양의 돌산 계단을 올랐다. 계림시가의 정경을 볼 수 있는 전망대다. 한국 명산 금강산은 12,000봉 8만 9암좌라 하지만 계림(桂林)의 산봉우리는 12만 봉우리가 아닌가! 놀랍다. 중국인들이 금강산을 등산하고 하는 말이 생각난다.

"원컨대, 고려 금강산을 구경하고 죽어도 좋겠다."(願高麗 金剛山 景後可以死; 원고려 금강산 경후가이사)

계림의 산세는 하늘을 찌를 듯 치솟은 봉우리의 기이함에 놀라지 않을 수 없구나!

아동문학가 윤극영 님의 동시 「반달」을 소개하겠다

푸른 하늘 은하수 하얀 쪽배엔 계수나무 한 나무 토끼 한 마리 돛대도 아니 달고 삿대도 없이 가기도 잘도 간다, 서쪽 나라로.

달에 비친 계림(桂林) 시의 가로수가 계수나무 숲을 이루고 있다.

다음은 '이강'의 승선 유람이다. 아름다운 산수화의 절경

꿈과 환상을 일으키는 이 강의 야경은 신비하기도 하구나. 물속에 비치는 아름다운 돌산 봉우리들… 노을에 물든 이 강의 돛배 물

속에 비친다. 청산녹수 아름다운 봉우리들… 관암동굴(洞窟)이다. 걸어서 계단을 올라가 동굴 안에 하천물이 빠르게 흐르고 있다. 굴 밖에 내려 2km의 철길을 달리다 자동 운영이다. 천동별유(天洞別有).

"별유천지 비인간(別有天地 非人間): 사람이 사는 세상 같지 않다."

미국 클린턴 대통령이 3일간 유하면서 비행기로 하늘에서 계림과 인근 도시들을 관광했다고 한다.

중의원(한방의 원조)을 관람했다. 한의학은 중국이 원조다. 50년 역사의 중의원을 20여 한약품 등을 강관식(姜官植, 경남 진주 태생) 한의사가 자세히 소개하였다. 이어 방문한 중국 민속놀이 관은 흥미진진하였다. 3시간 달려 2박 숙소 풍어암 호텔에 도착했다. 주민들과 호텔 직원, 관광객들과 어울려 한바탕 흥겨운 시간을 보냈다.

다음 날, 쾌청한 날씨다. 동양 제일의 동굴 풍어암(豊漁巖) 관광이다. 강대한 기암기석의 동굴! 다양한 종류석 암하 신비지 여행(岩下神祕之旅行) 동굴 내 흐르는 강에 배를 띄워 뱃놀이 하며, 우리 일행은 흥이 나서 노래도 불렀다. 동굴 내 명소마다 가족·단체·개인 사진 촬영 추억을 남겼다.

진주에 대한 지식을 알다

동굴을 나와 방문한 우산공원(虞山公園)의 아름다운 단장이 돋보인다. 분수대 하늘로 치솟는 물줄기와 수석 전시와 세 종류 진주 전시가 관광객들의 시선을 집중시킨다.

· 동주(東珠)는 인공 진주로 아시아 아프리카 산이다.

· 남주(南珠)는 양식 진주로 남해 바다서 양식한다.

· 서주(西珠)는 광주산 진주를 말한다.

우산 동물원 관람이다. 원숭이 오토바이 줄타기, 사자, 곰, 호랑이, 물소들의 놀이 장이다. 인간이 길들인 동물의 모습을 보니 감탄, 감탄 연발이다. 원숭이 말 타기 등 다양한 동물들 놀이다. 마지막으로 사자 동물원 안내. 물이 고인 웅덩이에는 중소인 물소 한 마리가 있다. 잠시 후 사자가 뛰어나와 물소 등을 타고 물어뜯어 피가 낭자하다. 결국 물소는 실려 나와 사자의 먹이가 되고 만다. 우리는 약육강식의 동물 놀이를 즐기지만 마음 한구석엔 애처로운 생각이 가시지 않는다.

마지막 날 소수 민족 촌을 들렀다. 장족 · 묘족 · 동족 · 모남족 · 회족 · 이족 등 6족 촌인데 아기자기하게 정답게 살고 있었다. 3박 4일이 너무 빨리 지난 것 같다.

몇 절경을 감상하며 마무리하겠다

푸른 산봉우리들 속에서 울려 퍼지는 새들의 노랫소리 들으며 이강의 흰 연기 안개 속에 잠겼다. 이 강의 촛불봉, 서동산 단풍봉, 조반의 우뚝한 동산들! 월량산 바위산 봉우리 중간에 큰 동굴이 뚫렸다. 청계의 묵가! 도화강의 가을 운치, 백화봉의 석조! 하늘 높이 솟은 산봉우리마다 기이함에 놀랐고 절경에 다시 한번 감탄하였다.

5

위대한 힘 아버지의 서재

퇴계 이황(李滉)의 교육관

조선시대 명문가들의 아버지라고 하면 대부분 뜻을 굽히지 않는 강직하고 권위적인 아버지 이미지를 떠올리기 십상이다. 물론 권위적이고 완고한 아버지들도 있었겠지만 조선시대 명문가 아버지들은 이런 선입견과는 달리 오히려 배려하고 섬세하게 돌보는 이른바 관계지향적인 지도 정신을 소유한 인물도 많았다. 곧 섬세하고 돌봄을 잘하는 '엄마 같은 아버지'로 가문 경영에 임했던 것이다. 엄마 같은 아버지의 대표 주자는 뜻밖에도 퇴계 이황(李滉: 1501~1570)이 꼽힌다.

조선시대 학자를 대표하는 대학자 이황은 업무로 바쁜 와중에서도 자녀뿐 아니라 먼 친척의 자제들까지 꼼꼼하게 돌봤다. 퇴계가 40대에 한양에 머물면서 고향 가족에게 보낸 편지에는 며느리에게도 작은 선물을 챙겨주는 자상한 면모를 볼 수 있다. "아몽의 신발을 한손이 갈 때는 사 보내지 못하겠다. 이번에 귀걸이는 함께 보낸다. 말린 꿩, 조개, 민물고기, 미역과 백지 한 권 등을 보낸다."라고 적혀 있다. 이처럼 퇴계의 모습에서 우리가 가장 주목할 부분은 자녀들과 후손에게 솔선수범하여 보여 준 것이다.

제일 먼저 퇴계는 주위 사람, 특히 자칫 소홀해질 수 있는 가족부터 극진히 챙겼다. 선물을 받으면 누구에게나 답례를 했다. 자신이 답례로 보낼 수 있을 정도로 '작은 선물'만 받았고 고액의 선물은 돌려보냈다. 또한 많은 선물은 가족과 친인척뿐 아니라 제자나 친구들에게도 나눠 주었다.

퇴계는 또한 주위 사람들과 많은 서신을 교환했다. 특히 아들과 손자에게는 613통과 125통의 편지를 썼다.

> "어제 너의 초 3일의 편지를 받아 읽었다. 무사히 공부하고 있다니 위로가 된다. 지은 글이 등수에 들지 못한 것은 네가 실망하겠지만 결과는 네가 평일에 놀고 나태한 결과이니, 이것 또 누구를 원망하겠느냐, 앞으로 더욱 공부에 힘써 진보할 것을 도모하여 스스로 자신을 잃고 붓을 꺾어 버려서는 안 될 것이다."

이 글은 1551년 이황의 아들 준에게 보낸 편지글이다. 요즘 극성 아빠를 능가할 정도로 자녀 교육에 대한 열의를 읽을 수 있다. 대학자의 근엄한 모습만 이미지로 남아 있는 퇴계를 상상하면 쉽게 연결되지 않을 정도다. 퇴계는 기존의 통념을 뛰어넘고 마치 '엄마 같은 아버지'가 되어 자녀 교육에 헌신 했던 것이다. 그가 편지로서 멘토링한 아들을 보면 아들과 손자 조카뿐 아니라 형의 외손,

질녀 형의 사위, 형의 손자 조카와 조카사위에 이르기까지 무려 100여 명에 달했다. 수많은 제자를 가르치는 스승이지만 먼저 일가의 큰 어른으로서의 역할도 잘했던 것이다. 퇴계가 맏형의 외손자 민응기에게 보낸 편지를 잠시 살펴보고자 한다.

"시원한 밤 책 읽기 좋은 때다. 시간을 아껴라, 좋은 계절에 조용한 절에서 힘써 공부하기 바란다. 술 한 병, 닭 한 마리, 생선 한 마리, 고기 한 덩어리를 보낸다."라고 적혀 있다.

다음으로 퇴계는 자녀들에게 좋은 공부하는 친구를 만들어 주려고 노력했다. 학문을 익힐 때 혼자 하는 것보다 좋은 학우들과 함께 학문을 하는 것을 중시했다. 이런 퇴계의 인적 네트워크 교육은 60세 때 '도산서원'을 완공했을 때 빛을 발했다. 도산서원(陶山書院)은 전국에서 제자들이 모여들었다. 그러자 퇴계의 마음은 급해졌다. 당시 절에서 공부하고 있던 손자 안도에게 편지를 보내 '도산서원'에 와서 제자들과 함께 공부하라고 강요한 것이다. 이유는 김성일과 우성전 등 좋은 친구를 소개해 주기 위해서이다. 즉 공부친구(학우)를 맺어 주기 위해서였다. "김성일과 우성전이 지금 '계몽'을 읽으려 한다니 너는 벌써 주역을 읽고 있지만 계몽도 배우지 않을 수 없으니 이 좋은 기회를 놓치지 말아라. 곧장 절에서 내려와서 이들과 함께 '계몽'을 배우는 것이 좋겠다."

그러나 퇴계의 노심초사에도 불구하고 퇴계의 자녀들은 초시에는 합격했으나 마지막 관문인 대과(최종시험)에는 합격하지 못하였다. 자녀 교육이 부모의 뜻대로 되기 힘들고 어려운 것은 대학자인 퇴계도 예외는 아니었던 것이다.

마지막으로 퇴계의 인적 네트워크 교육에서 두드러진 점은 출신과 신분에 구애 받지 않았다는 점이라 할 수 있다. 그는 누구든지 학식이 깊고 선비의 자질이 있으면 서로 사귀게 하면서 학문을 닦게 했다. 다만 신분이 높더라도 학문에 열성할 자세가 되어 있지 않으면 결코 퇴계의 인적 네트워크에 발을 들여 놓을 수 없었다. 실제로 퇴계의 인적 네트워크는 퇴계 사후 '영남학파'라는 조선시대 최고의 학파를 형성했다. 퇴계의 학맥도 보면 제자들이 무려 700여 명에 달할 정도로 당시에는 대규모 학파를 형성하고 있었다. 곧 퇴계의 확장된 교육관은 지역과 지형을 넓히는 교육관임을 알 수 있다.

퇴계 이황(李滉)은 율곡 이이(李珥)와 더불어 조선시대 성리학(性理學)의 대표적인 학자이며 중국 주자(朱子)의 '이기이원론(理氣二元論)' 사상을 계승하여 발전시켰다. 철학적 사색을 학문의 출발점이라는 연역방법을 선호했다. 우주 만물은 이(理)와 기(氣)의 이원적 요소로 구성되어 이들이 합하여 우주만물을 표현할 수 있다고 주장하였다. 지식과 행위의 자행일치를 주장했으며 기본에는 성(誠)이요 이에 대한 노력으로서 경(敬)이 있다고 주장했다. 그 학문과 인생관 최종 목표는 경(敬)에 있다고 하였다.

"한국에 퇴계가 있는 것은 중국에 주자가 있는 것과 같다." - 중국학자 왕소(王甦)

인성교육에 중요한 '감성지능'을 강조한 다니엘 골먼은 21세기 성공하는 사람들의 새로운 인간관계 패러다임을 사회지능인 'SQ(Social

Quotient)'로 명명하고 있다. 사회지능은 상대방의 감정과 의도를 알고 타인과 어울리는 능력을 뜻한다. 사회지능의 핵심은 바로 좋은 인간관계를 형성하는 '인적 네트워크'이다. 이런 면에서 퇴계는 이미 450년 전에 '인적 네트워크' 교육을 실천한 선구자적인 아버지였다. 퇴계는 후손과 제자들에게 늘 '위인지학(爲人之學)' 보다 '위기지학(爲己之學)'을 강조했다. 출세를 위한 학문이 아니라 자기수양과 완성을 위한 수단으로 학문을 해야 한다고 했다.

예나 지금이나 출세를 위한 공부에 치중하다 보면 자신의 이기적 출세만을 지향하게 되면서 이웃과 사회를 병들게 한다. 오늘날 우리 국가사회 현실을 보더라도 알 수 있다. 퇴계 이황(李滉)은 이를 경계하고자 '위기지학'을 강조했던 것이다.

만델라의 사랑과 정의 방정식

"용서하되 잊지 말자(Forgive without Forgetting)" 남아프리카 공화국 최초의 흑인 대통령으로 당선된 넬슨 만델라 변호사가 백인들에 대한 복수심으로 들끓는 흑인들을 설득한 말이다. 만델라 자신이 백인 정권의 가장 큰 피해자였기에 그의 설득은 힘이 있었다. 성공회의 투투 대주교도 "용서 없이는 미래도 없다"는 신념으로 만델라를 적극 지원했다. 마지막 백인 대통령으로 만델라와 함께 흑인통치시대를 연 데 클레르크는 만델라 정부에서 부통령으로 내려앉았다.

악명 높은 아파르트헤이트(인종차별정책)에 대한 저항 운동으로 감옥의 독방에 갇힌 27년의 한(恨), 그 원통함에 어찌 절치부심하지 않았을까. 그러나 대통령이 된 만델라는 뜻밖에도 '진실과 화해 위원회'라는 전례 없는 국가기구를 만들어 흑백 화해의 새 역사를 써 내려갔다. 자신의 죄과를 고백하고 참회하는 백인들에게 대사면을 선포한 것이다. 물론 정치적 이유도, 현실적 타산도 있었겠지만 만델라의 신념과 결단이 아니었다면 결코 이루어질 수 없는 일이었다. 10% 남짓한 백인이 90%에 가까운 유색 인종을 가혹하게 탄압해 온 342년 간의 백인 우월주의는 보복이 아닌 용서에 의해 종말을 맞았다. 사면권은 모름지기 이렇게 쓰는 법이다.

당연히 만델라는 데 클레르크와 함께 노벨 평화상(平和賞)의 영광을 안았다. 그러나 그것은 만델라의 영광이기보다는 오히려 노벨상의 영광이었다. 만델라의 이름이 노벨 수상자 명단이 오름으로써 노벨상의 권위가 한층 더 높아졌다. 그것은 상이 아니라 경이로운 관용의 인격 앞에 헌정된 존경의 표시였다. 유엔은 만델라의 생일인 7월 18일을 '만델라의 날'로 선포했다.

죄를 자백한다고 곧바로 용서해 주는 법정은 세상 어디에도 없다. 자백이나 자수는 벌을 가볍게 해 주는 '임의적 형벌 감면 사유'일 뿐이다.(형법 제52조) 그러나 만델라 정부는 과오를 참회하는 백인들에게 형벌을 면제하는 관용을 베풀었다. 자백이 '필요적 형벌 면제 사유'가 된 것이다. 백인들은 죄를 지어 한 번 용서를 받아 또 한 번, 이렇게 두 번 양심의 빚을 지게 됐다. 그래서 용서는 가장 무거운 형벌이다. 만델라는 진실과 화해라는 이름의 법정에서 가해자들에게 가장 무거운 형벌, 용서를 선고했다. "진실을 고백하라. 그러면 용서하겠다." 이것이 만델라가 풀어낸 '사랑과 정의(正義)의 방정식'이다.

이런 방정식이 또 하나 있다. 바로 신의 법정이다. 죄를 자백하면 하나님은 용서의 은총으로 응답한다.(요1서 1장) 참회 없으면 용서도 없다. 회개를 요구하지 않는 헤픈 관용은 신(神, God)보다 더

관대한 상급 법정을 설치하는 것이다. 참회와 용서, 그것이 신의 정의요 하나님의 평화(平和)다. '용서받지 못한 죄(罪)'보다 '용서하지 않는 죄'가 더 무겁다. 하늘의 뜻에 어긋나기 때문이다.

만델라는 신의 정의, 하나님의 평화, 그 하늘의 씨앗을 인간의 땅에 심었다. 만델라의 신념에는 '진실을 외면한 눈먼 용서'도 없었거니와 '용서를 모르는 무자비한 정의'도 없었다. 이 관용과 평화의 정신을 아프리카인들은 '우분투(Ubuntu)'라고 부른다. 만데라는 우분투를 이렇게 설명했다. "우리가 어렸을 적에 여행자가 마을에 들르면 주민이 음식을 차려주었다. 여행자는 음식이나 물을 달라고 부탁할 필요가 없었다. 우분투는 사람들이 자신을 위해 일하지 말라는 것이 아니다. 중요한 점은 우리의 공동체가 더 나아지게 하려고 그 일을 하느냐 하는 것이다."

우리네 옛적에도 해 질 녘에 나그네가 웬만큼 살만한 집 대문 앞에 이르러 "이리 오너라" 하고 소리치면, 주인은 그 나그네를 사랑방에 맞아들이고 따뜻한 밥상까지 차려 내오곤 했다. 인간애와 공동체 정신 이것이 우분투의 지혜요 이 땅의 옛 어른들이 지녔던 상생의 열린 마음이며, 오늘의 우리가 잃어버린 관용과 배려의 성찰이다. 만델라는 저 옛적의 지혜와 성찰로 흑백 갈등의 상처를 어루만졌다. 그러고는 연임을 마다하고 5년 단임으로 권력의 자리를 물러났다.

만델라식 '사랑과 정의 방정식'과 우분투 고결한 정신을 영원히 기억하겠노라.

『대표수필선집』(2020년)

위대한 힘 아버지 서재

서재가 있는 집에서 자란 자녀

어린 시절 서재가 있는 집에서 자란 자녀는 서재가 없는 집에서 자란 자녀보다 상대적으로 독서광이 될 가능성이 크다. 동서고금 수많은 위인들은 주로 서재가 있는 가정에서 성장했다. 조선 후기 실학파의 스승이 된 성호 이익(李瀷, 1681~1763)은 어린 시설 수천 권의 서적이 소장된 집에서 늘 책과 가까이할 수 있었다. 아버지의 사랑방 겸 서재에는 방안 가득 책들이 빼곡히 꽂혀 있었다. 이익(李瀷)의 아버지 이하진은 대사헌으로 재직했던 1678년(숙조)에 청나라 연경에 간 적이 있었다. 그때 연경에서 황제로부터 받은 사례금으로 책을 사 왔는데 수천 권에 달했다. 과거 시험을 단념하고 학문의 길을 가기로 결심한 이익은 아버지와 할아버지가 중국에서 사 온 수천 권의 책을 탐독하면서 자기가 원하는 길을 갈 수 있었다.

이하진은 시에 뛰어난 재능이 있어 붓을 들면 몇 편의 시(詩)를 지었고 또한 그 필치가 명필이었다. 또한 이익의 증조부는 이조판서와 대사헌(감사원장)을 역임한 이상의는 1611년 광해군 가을에 『지봉유설』을 쓴 이수광과 함께 주청사로 명나라에 다녀왔다. 아버지가 사 온 책들 가운데는 『교우론』과 같은 서양에 유입된 서적뿐 아니라 천문과 수학, 세계 지리, 안경과 서양화, 수레름에 대한 책들도 포함되어 있었다. 특히 이런 서적들은 훗날 실학파들이 우리나라를 부강한 국가로 건설하는데 필요한 지식이라며 적극적으로 활용할 것을 주장한 내용을 담고 있었다. 중국어로 번역된 서양 서적과 서양의 과학 문물들로 이익(李瀷)은 크게 안목을 넓힐 수 있었다.

값진 보물인 천 권의 책

아버지가 수천 권의 책을 사 왔을 때 이익(李瀷)은 아직 세상에 출생하지도 않았다. 이 책들은 훗날 이익이 대학자가 되는 든든한 학문 연구의 자양분이 된다. 당시 도서관이 없었던 시대에 집 안에 있는 수천 권의 책은 그 어떤 보물보다 값진 보물이라 할 수 있었다. 이익(李瀷)은 아버지가 청나라에서 사 온 수많은 책 속에서 당시 중국에 유입된 서양의 과학 기술과 관련한 책이나 천주교를 소개한 책들도 처음으로 접했다.

당시 공 맹자와 주자만을 맹목으로 공부하던 시대에 새로운 학문을 접한 이익(李瀷)은 눈이 번쩍 뜨이는 지적인 경험과 함께 학문적인 관심을 새로운 분야로 확대할 수 있었다. 이익이 훗날 정약용 등과 실학자들의 멘토로 이들에게 큰 영향을 줄 수 있었던 것은 아버지가 청나라에서 사 온 새로운 분야의 신간 서적들을 먼저 공부한 덕분이었다. 요즘 정보혁명 사회에서도 마치 매일 밥을 먹는 것처럼 새로운 책을 읽고 새로운 지식을 받아들여야 한다. 그렇지 않으면 지식 정보사회에서 도태되고 만다.

대사간을 지낸 아버지 이하진은 당쟁에 연류되어 평북 운산으로 유배당했는데 이익은 유배지에서 출생했고 아버지는 8개월 후에 세상을 떠나고 말았다. 이익은 어린 시절 역경을 딛고 대학자가 된 인물로 다산 정약용의 역할 모델이 되기도 하였다.

묘계질서(妙契疾書)로 『성호사설』을 남겼다

이익은 당쟁으로 희생된 아버지의 영향으로 평생 관직에 나가지 않고 학문에만 몰두하여 『성호사설』이라는 방대한 값진 저서를 남겼다.

"독서를 하고 세상을 살면서 책에서 얻은 것으로 웃고 즐길 만하여 옆에 두고 열람한 내용을 붓 가는 대로 적어 두었는데 어느덧 많이 쌓이게 되었다." 여기에 이익은 어린 시절부터 평생 실천한 공부 방법이 들어있다. 바로 '붓 가는 대로 적어 두는 것'으로 독서하며 아이디어를 기록하는 메모 공부법의 중요성을 알 수 있다.

이익의 독서법은 이른바 묘계질서(妙契疾書)라는 말로 요약할 수 있다. '묘계'는 독서를 통하여 번쩍 떠오른 깨달음이고, '질서'는 빨리 기록한다는 뜻인데 중국 송나라의 유학자 장재(장횡거)가 공부하다가 마음에 생각이 떠오르면 잠을 자다가도 빨리 일어나 기록한다는 것에서 따온 말이다.

"하루는 내가 잠자리에 들었는데 잠이 오지 않아 이것저것 생각하다가 우연히 깨달은 것이 있다."

이익이 쓴 『성호사설』에는 다음과 같은 대목의 글이 있다. 이때 깨달은 내용을 얼른 붓으로 기록하여 놓는데 이익은 습관이 되었다. 그는 단지 독서하는 것만으로 끝나지 않고 자신의 생각을 기록해 놓으면 그게 나만의 생각이요 또한 그것이 바로 책으로 엮어지는 것이다. '책'이란 다른 것이 아니고 자신의 생각을 덧붙이는 것이라 했다. 가장 흔한 것이 바로 책을 읽고 자신의 생각을 적는 것이다.

이익(李瀷)은 유교의 경전을 읽으면서 자신의 생각을 펼치는 경학 연구에 전념했다. 먼저 33세부터 맹자를 읽으면서 떠오르는 대로 생각을 적었다. 이것이 그가 시리즈로 펴낸 첫 번째 질서 책인 『맹자 질서』로 질서를 한 지 5년 만에 펴낼 수 있었다. 『맹자 질서』를 저술하기 시작한 그해에 출생한 아들 이름을 맹휴로 지었다. 맹휴는 30세에 과거 시험에서 장원으로 합격했다.

이익(李瀷)은 이어 '대학, 소학, 논어, 중용, 주역, 서경, 사경' 등을 메모하면서 읽고 이 메모를 토대로 하여 각각 책을 펴냈다. 적은 것을 수시로 보고 거듭 고친 것이 수십 년 동안 쌓이고 쌓여 책이 편집되었다.

이익의 『성호사설』은 바로 그가 대학자로서 실천한 독서 메모 습관의 결실이다. 부모의 독서 및 기록 습관의 중요함을 엿볼 수 있다.

삶은 축복(祝福)이다

교직과 문학인의 10년 선배인 현봉 이병수 선생님이 쓴 『생존 신고』란 수필집이다. 제목부터가 매우 인상적이고 감동적이었다. 선생님은 교직에 은퇴하고 문인작가 생활을 30여 년 하면서 성실히 참석하셨다. 그리고 10여 문인협회에 참석해 분주한 인생 후반 작가 생활을 하셨다. 모임에 참석할 때마다 내가 나이 들었지만 이렇게 건강하게 살고 있다는 '생존 신고' 하는 마음이었다고 했다. 필자 본인도 여러 문인협회 참석하면서 '생존 신고' 하는 마음으로 즐거운 마음으로 참석하며 은퇴 후 20여 년 문인 생활을 성실히 하고 있다고 신고합니다.

세상을 다시 사는 암투병 환자들을 생각해 본다. 어떤 어머니 암 환자는 삶에 대한 단호한 의지를 갖고 계셨다. 3시간 정도 지난 뒤 예상보다 빨리 수술이 끝났다. 무엇인가 좋은 조짐이라고 생각했다. 하지만 수술을 끝내고 나온 의사의 얼굴이 밝지 않았다. 어려움이 있었다는 암시다. 예상과는 달리 종양이 막에 들러붙어 쉽게 제거되지 않아 완전히 제거하지 못한 것이다. 담당 의사는 종양 10% 정도는 남겨 놓은 채 수술을 끝낼 수밖에 없었다고 솔직히 말해주었다. 차라리 고마웠다. 곧장 컴퓨터 단층 촬영 검사를 했다. 사진으로 보는 수술의 뇌 상태가 썩 좋지는 않았다. 담당 의사는 며칠이 고비라고 했다. 지켜보는 사람들도 안타깝지만 생명의 고투를 하는 어머니가 더 안타깝게 생각되었다.

언젠가 서강대 장영희 교수가 떠올랐다. 장 교수 역시 암투병 경험이 있다. 그녀가 말하기를 사람들은 암환자라면 이미 생명의 의지를 잃어버리고 희미한 눈에 바싹 마른 몸으로 조용히 누워 있는 사람을 상상하지만 실제로는 가능한 예쁜 옷을 입고, 예쁘게 화장하고, 무슨 일이 생겨나도 병(病)을 이기겠다는 빛나는 눈을 갖고 있다고 했다. 환자처럼 보이기 싫고 '살아 있다는 증거'로 또한 생명에 대한 최소한의 예의로 그렇게 한다는 것이다.

그녀는 투병하며 입원실에 하루만 누워 있어도 부자나 대학교수나 국회의원이나 정육점 아줌마나 결국 생명이라는 공동의 목적지를 향해 마치 풍랑 속에서 한배를 탄 사람처럼 결연한 동지의식을 느낀다고 말했다. 그리고 그곳에서 화제는 이전에 관심을 가졌던 것들과는 확실히 다르다고 말했다. 누가 어떤 방법으로 돈을 벌었는지, 누가 어떤 자리에 승진했는지, 정치권의 누구는 왜 그런지, 누구 자식이 어느 대학에 입학했는지 등과 전혀 생각 없는 말들로 세상이 다시 그려진다는 것이었다. 그만큼 살고자 몸부림치는 생명

(生命)의 앞에서는 돈, 권력, 명예는 초라하고 무력한 것이다.

항상 생명(生命)의 고마움을 잊지 말고 살자. 우리는 그 생명의 고마움, 소중함, 위대함, 감격스러움을 너무 자주 잊고 산다. 잘 먹고 소화 시킬 수 있다는 것이 얼마나 큰 축복(祝福)이고, 잘 싸고 잘 잘 수 있다는 것이 그 얼마나 황홀한 경험이지, 자기 두 발로 걸을 수 있다는 것이 얼마나 놀랍고 경이로운 것이지 잊고 살기가 일쑤다. 결국 살아 있음은 그 자체가 경이요, 감격이요, 황홀이요, 축복이다. 우리 선인들이 병과 싸우고 사경을 헤매며 내게 일깨워 준 것이 바로 그것이다.

인명재천(人命在天)이니 잘 살고 떠나는 것도 하늘의 뜻이다. 생로병사의 순서를 어길 수 없는 삶의 법칙이다. 삶을 풍성하게 하고 온전케 하는 것은 사람이 할 바 의무다. 그러니 삶의 경탄할 만한 축복 속에서 더 많이 느끼고 보듬고 감격하고 사랑하며 선(善)을 베풀며 살자꾸나.

성녀와 장미

온 세계가 두 여성의 죽음을 애도하며 그해 9월을 보내고 있다. 너무나 서로 달랐던, 그러나 고통받는 이웃에 대한 사랑 속에서 서로 만났던 그 두 사람은 우리로 하여금 인생에서 가장 중요한 것이 무엇인가를 깊이 생각하게 한다.

5일 밤 인도 캘커타의 수도원에서 87세로 세상을 떠난 마더 테레사 수녀는 한평생 가난하고 고통을 받는 사람들을 위해 사랑을 실천했던 우리 시대 살아 있는 성인이었다. 그는 유고슬라비아의 스코프예(현 알바니아)에서 출생하여 수녀(修女)가 되고, 캘커타의 성모마리아 고교에서 교사로 가르치다가 "죽어가는 사람을 두고 가르칠 수만 없다."면서 빈민구제에 나섰다. 1950년 사랑의 선교회를 창설, 그는 세계 95개국에 4,000여 명의 성직자들을 파견하여 고아, 장애인, 에이즈 환자, 미혼모 등을 돕고 있는데, 그의 생존 자체가 메마른 세상을 밝히는 따뜻한 등불이었다.

거지에서 교황까지 눈물을 흘리며 그의 죽음을 애도했다. 교황 바오르 2세는 강론을 통해 "테레사 수녀는 인생의 실패자들에게 신이 따사로움을 느끼게 했다. 신(神, God)에 대한 사랑이 어떻게 인류에 대한 사랑으로 구현할 수 있는지를 보여주었다. 임종하는 사람들과 버려진 아이들, 고통과 괴로움에 짓눌린 사람들의 가슴을 끌어안았다."고 말하고 "신(神)이여 그의 사랑이 전 인류에게 위안과 자극이 되게 하소서."라고 기원하였다.

수녀들이 공통으로 입는 낡은 수녀복을 입고 깊게 주름이 파인 얼굴로 웃고 있는 테레사 수녀의 모습은 늘 아름다웠고, 사람들은 그를 보는 것만으로 감동을 받곤 했다. 미국의 세계적인 기독교 선교사는 "그가 내 방으로 들어올 때 나는 진정으로 성자를 만나고 있다는 느낌이었다"고 회상하였다.

그해 8월 31일 파리에서 백만장자인 애인과 교통사고로 사망한 영국의 다이애나 왕세자비는 테레사 수녀와는 거리가 먼 세속적인 삶을 살았지만, 그의 죽음 역시 사람들의 마음을 울리고 있다. 1981년 20세의 다이애나가 13세 위인 찰스 영국 왕세자와 결혼했을 때 누구도 그의 눈부신 신부를 기다리는 냉혹한 현실을 알지 못했다. 그녀는 1982년과 1984년에 두 왕자를 낳았지만, 남편의 결혼 전의 애인 카밀라 파커볼스와 애인 관계를 지속하고 있다는 사실을 알게 됐다. 그는 세계에서 가장 유명한 '남편으로부터 사랑을 받지 못하는 아내'였다.

그의 젊은 시절은 수차례의 자살 기도와 거식증으로 얼룩졌고,

30대 이후에는 애정 편력이 이어졌다. 남편이 한 여자만을 품위 있게 사랑하는 동안 그는 많은 남자들 사이에서 방황했다. 그러나 어떤 남자도 그를 행복하게 하지 못했고, '왕세자비와의 정사'를 폭로하는 비열한 애인까지 있었다. 1994년 찰스는 TV 다큐멘터리에서 파커볼스와의 간통을 시인했고, 1년 후 다이애나는 TV 인터뷰에서 승마 조교와의 간통을 인정했다. 1996년 8월 그들은 결국 이혼을 했다.

다이애나는 많은 사람들로부터 여전히 동정을 받았지만, 사랑을 잃은 것처럼 보였다. 그러나 그가 세상을 떠난 후에 일어난 추모 열기는 폭발적이었다. 그가 단지 '불행한 신데렐라'가 아니라 불행을 잘 극복한 인간임을 보여주었다. 사람들은 그의 사적인 스캔들을 덮고, 불행에 굴복하지 않았던 용기와 자선 사업에 대한 헌신을 높이 평가했다. 그는 의무감으로 참가하기 시작했던 자선사업(慈善事業)과 사회적인 활동을 통하여 고통받고 있는 이웃 사람들에 대하여 눈을 떴고, 그 사랑을 통하여 거듭났으며, 많은 영국민들의 가슴에 '마음 여왕'으로 기억되었다.

테레사 수녀(修女)는 생전에 늘 다음과 같이 말했다. "기도하면 믿게 됩니다. 믿으면 사랑하게 됩니다. 사랑하면 섬기게 됩니다. 진실로 사랑하기를 원한다면 용서하는 법을 배워야 합니다."

미국 대통령 부인 힐러리 여사는 다이애나를 추모하는 글에서 이렇게 썼다. "지난 6월 그를 만났을 때 나는 그전보다 훨씬 자신감이 차 있고 유능해진 젊은 여성을 보았다. 삶으로부터 내팽개쳐질 때마다 일어나 앞으로 나가는 그의 용기에 나는 큰 감명을 받았다.”

우리 시대의 성녀(聖女), 영국의 장미로 불리던 두 여성은 우리에게 이런 기원을 주고 떠나갔다. ‘삶으로부터 내팽개쳐질 때마다 일어나 앞으로 나갈 수 있게 하소서… 용서하고 사랑하고 섬길 수 있게 하소서….’

『문학의 강』 겨울호 24호(2019년)

오늘은 삶의 연결고리

인생의 삶에서 오늘이 중요하다. 가 버린 어제에 집착해 오늘을 허송하고 오지 않는 내일을 꿈꾸느라 오늘을 흘려보낸다. 하루는 긴데 일 년은 잠깐이다. 시간이 쌓여 하루가 되고 하루하루가 쌓여 일 년이 되며 옛날과 지금이 되는 세월의 이치를 자주 잊고 산다.

인생이 오늘이 있음을 알지 못하게 되면서 세상살이의 도리가 잘못되어 가고 있다. 어제는 이미 지나갔고 내일은 아직 오지 않았다. 하는 일이 있으려면 다만 오늘에 달렸을 뿐이다. 이미 지나 간 것은 돌이킬 수가 없고, 아직 오지 않는 것은 비록 3만 6천 날이 잇달아 온다고 해도 그날에는 각각 그날 마땅히 해야 할 일이 있어 실로 이튿날에 미칠 만한 여력이었다. 참 이상하다. 저 한가로움이란 말은 경전에 실려 있지 않고 성인께서 말씀하지도 않았건만 이를 핑계대고 날들을 허비하는 자들이 있다.

연구(공부)는 오직 오늘에 달린 것이어서 내일에 대해서는 말하지 않는다. 아! 공부하지 않는 날은 살지 않는 것과 한가지니 공친 날이다. 그대 모름지기 눈앞에 환한 이날을 공친 날로 만들지 말고, 오늘로 만들어야 한다. – 이용휴(李用休)의 『당일헌기(當日軒紀)』 중에서

또한 이덕무(李德懋) 님은 다음과 같이 말했다. "하나의 고금(古今)은 큰 순간이요, 하나의 순간은 작은 고금이다. 순간이 쌓여서 어느새 고금이 된다. 또 어제와 오늘, 내일이 만 번, 억 번 갈마들어 끝없이 새로운 것을 만들어 내니 이 가운데 나서 이 속에서 죽는다. 그런 까닭에 군자는 사흘을 염두에 둔다."

홍양호(洪良浩) 님은 『계고당기(稽古堂記)』에 말했다. "옛날은 당시의 지금이고 지금은 후세의 옛날이다. 옛날이 옛날인 것은 연대만 가지고 말하는 것이 아니다. 대개 말로는 전할 수 없는 무엇이 있다. 만약 옛것만 귀하다 하면서 지금은 우습게 보는 것은 도리를 아는 말이 아니다."

세월이 차곡차곡 쌓인 순식간이 역사가 된다. 고금은 현재가 포개져서 이루어진 시간이다. 옛날과 지금과 미래는 맞물려 돌아간다. 옛것이 귀한 것은 그때의 지금이기 때문이다. 내가 오늘을 열심히 살면 후세는 그것을 간직할 만한 옛날이라 부를 것이다. 위의 세 분이 모두 같은 뜻의 내용을 다르게 표현했을 뿐이다. 세월을 아껴(유용)라 악한 시대다.(성서)

정약용이 『도산사숙록(陶山私淑錄)』에서 말했다. "천하에 가르쳐서는 안 되는 두 글자의 못 된 말이 있다. '소일(消日)'이 그것이다. 아, 일하는 사람의 입장에서 말하면 1년 360일 1일 96시간을 이어

대기에도 부족한 것이다. 농부는 새벽부터 밤까지 부지런히 애쓴다. 만일 해를 달아맬 수만 있다면 반드시 끈으로 묶어 당기려 들 것이다. 저 사람은 대체 어떤 사람이기에 날을 없애버리지 못해 근심 걱정을 하며 장기, 바둑과 공차기 놀이 등 하지 않는 일이 없단 말인가?"

조금 놀아 볼까 하다가도 이런 말씀을 들으면 정신이 번쩍 들어 다시 삶의 자세를 가다듬게 된다.

진정 행복(幸福)한 삶

나의 젊은 학창 시절 50년대 후반 인생 격동기에 철학자요 수필가이신 김형석 교수의 수필 『우리는 어떻게 살아야 하는가』, 『고독이라는 병』, 『영원과 사랑의 대화』 등 감명 깊은 글들의 애독자였다. 최근 2016년에 발행한 수필 『백년을 살아보니』를 탐독하여 봤다.

60~70년대 전 서울대 김태길 교수, 전 숭실대 안병욱 교수와 함께 '철학자 겸 수필가' 트로이카 시대를 펼쳤던 그의 이름이 요즘 다시 회자되고 있다. 최근 발행한 수필집 『백년을 살아보니』(97세)를 통해서다. 혼탁한 세대 속에서도 꿋꿋하게 살아가는 모습이 잔잔한 감동을 불러일으키고 있다.

사람은 성장하는 동안은 늙지 않고 성숙해진다. 정신적 성장과 인간적 성숙은 한계가 없다.

인생의 황금기는 60~70세라고 했다. 노력만 하면 75세까지 성장이 가능하다는 것이다. 지금 우리 사회는 너무 일찍 성장을 포기하는 젊은 늙은이들이 많다. 아무리 40대라 해도 공부하지 않고 일을 포기하면 녹스는 기계와 같아서 노쇠하게 된다. 차라리 60대가 되어서도 진지하게 공부하며 일하는 사람은 성장을 멈추지 않는다. 그러나 성실한 노력과 도전을 포기하면 그는 인생의 모든 것을 상실하게 되고 만다.

망백이 가까운 김형식 교수는 지금도 '조심조심, 미리미리' 그의 인생과 건강을 간통하는 키워드다. 어려서부터 몸이 약해서 의외로 '20살 넘게 살 수 있을까' 하는 주변의 걱정 속에서 자랐다. 늘 조심스럽게 살아왔다고 했다. 요즘도 강연 준비를 2년에 마친다. 무엇이든 지금도 미리미리 해 놓는 습관이 몸에 배었다.

『고독이라는 병』(59년) 첫 수필집이 발행되었다. "61년 발행한 『영원과 사랑의 대화』와 함께 두 책이 모두 베스트셀러였다. 우리나라에 수필 문학이 정립되지 않는 시대였는데 서울대 피천득 교수가 수필집 『인연』을 내면서 개척을 했다. 이어서 김 교수의 『고독이라는 병』이 나오면서 수필 문학이 정립하게 되었다. 그때까지 비소설이 소설보다 많이 판매된 적이 없었는데 『영원과 사랑의 대화』로 기록을 세웠다."

철학자와 수필가 어느 쪽이 더 교수님 호칭에 맞을까요?

"본업은 철학인데 밖에 나가면 수필가가 되고 말았어요. 얼마 전 여고 3학년에 강의를 갔는데 수필가로 소개했어요." 1920년 출생한 동갑내기 철학자이자 수필가인 김태길(2009년 타계) 전 서울대 교수, 안병욱(2013년 타계) 전 숭실대 교수 이야기를 하지 않을 수 없다. 60~70년대 철학자이자 수필가인 트로이카 시대를 열었다. 이 세 명의 1세대 철학자들은 수필을 통해 당시 젊은이들의 윤리-실존적 상처를 어루만지고 위로했다는 평가를 받는다. 김태길, 안병욱 선생님도 장수하셨다.

"돌이켜 보니 60~70대 젊은이들이 어렵고 힘든 세대였다. 그 젊은이들에게 관심과 희망을 준 것은 시인이나 종교인이 아니라 우리 셋인 것 같다. 철학적 문제를 수필, 수상 형식으로 전하였다. 그 시대 어떤 가치관이 필요한데 우리가 그 역할을 하지 않았는가 생각한 것이다. 셋 다 실존주의 시대를 살았고 구라파에서 실존주의가 유행하던 시대였다."

수필의 오래된 주제는 '영원'이라는 평가인데 그 의미는 무엇인가요?

"종교와 실존철학(윤리, 역사)에서 모든 과제가 우리는 시간 속에서 사는데 그 결과가 영원과 일치하면 역사에 남고, 기간으로 끝나면 역사에서 사라진다는 것입니다. 영원은 눈에 보이지 않지만 미래를 창조할 수 있는 원동력이죠. 지성적이고 고독한 사람은 영원을 찾아갑니다."

2016년에 펴낸 『백년을 살아보니』는 제목부터 아주 구체적이어서 더 끌리는 것 같습니다. 100년 가까이 살아오신 감회가 어떠신가요?

"오래 살아 보니 다른 사람들과 더불어 살 때가 행복했습니다. 다른 사람의 짐을 내가 대신 져 준 기억이 행복하게 오래 남습니다. 젊은이의 고민을 대신하여 주고 기독교의 고민, 정치가의 고민을 내가 대신 생각해 보았을 때 같은 경우죠. 사랑이 있는 고생은 의미 있게 남습니다. 그러니까 나이 들었다고 후회할 것도 없고, 인생은 다 갔다고 안타까워할 것도 없어요. 아직 누군가를 위해서 사회를 위해서 일할 수 있는 사람은 창조적일 수 있습니다."

살아남은 자의 슬픔 같은 것은 없나요?

"나는 인생을 아름답다고 봅니다. 인간은 선하고 아름답게 살아가는 동안은 누구나 행복하다고 생각해요. 이북이 고향인 안병욱 선생과 내가 함께 강원도 양구에 '시와 철학의 집'이라는 기념관을 지어 놓았는데 거기 가면 내 글이 하나 있어요. 자다가 일어나서 우연히 메모를 했어요."

"나에게는 두 별이 있었다. 진리를 위한 그리움과 겨레를 위하는 마음이 있었다. 무거운 짐이었으나 사랑이 있었기에 행복했다."고 마무리 말씀을 해 주셨다.

빌 게이츠(Bill Gates)의 교사 개혁론

필자 본인은 지난 생애 36년간 제2 국민인 청소년을 열심히 가르쳤던 고등학교 교사였습니다. 잘 지도하고 열심히 가르쳤지만 그래도 부족함이 있었던 것을 후회하고 반성하게 됩니다.

빌 게이츠 명저 중 하나인『지금 바로 실천하고 행동하라』(김성진 저, 씨앤북스) 리더의 자격 빌 게이츠 : 인류의 삶을 바꾼 거인 최연소 억만장자의 신화 일궈 낸 빌 게이츠! "네 인생을 너 스스로가 망치고 있으면서 부모 탓하지 마라. 불평만 일삼을 것이 아니라 잘못한 것에서 교훈을 얻어라"(21세기 명언에서)

그의 교사 개혁론에 대하여 논하고자 한다. 학교 구성의 4대 요소는 (1) 학교 건물(환경) (2) 교사(선생님) (3) 학생(피교육자) (4) 교육과정 등이다. 가장 좋은 교육을 받기 원한다면 훌륭한 학교보다 뛰어난 선생님을 만나는 것이 더 중요하다. 잘 가르치고 지도하는 교사 수업 달인을 명교사, 명 수업, 학원에서 명강사, 명강의라 칭송

한다. 빌 게이츠는 "여러분의 자녀가 가장 좋은 교육을 받기 원한다면 뛰어난 선생님을 만나는 것이 중요하다"고 말하였다. 마이크로소프트(MS) 창업자이자 자선 단체 '빌 앤드 멀린다 게이츠 재단' 설립자인 빌 게이츠는 재단 파트너들에게 보낸 연례 서신 편지글에서 이같이 말하면서 '선생님 개혁'을 힘줘 강조했다. 자신이 수학 소프트웨어(SW)에 빠진 건 고교 시절 선생님 덕분이라고 말했다.

일찍이 빌 클린턴 전 대통령이 "문제는 경제야 바보야(It's the Economy, Stupid)"라고 했다면 빌 게이츠는 "문제는 선생님이야 바보야(It's the Teacher, Stupid)"라고 역설했다. 빌 게이츠는 "내가 시애틀의 사립학교에 다닐 때 선생님들은 나의 흥미를 북돋아 주었고, 독서와 학습을 권고했다"며 "그때 선생님들이 없었다면 나는 수학과 소프트웨어에 깊은 관심을 기울이지 않았을 것"이라고 밝혔다. "훌륭한 교사와 무능한 교사가 내는 교육적 성과의 차이는 놀랄 정도로 크다."고 강조했다. 그는 "교육적 성공을 거두는 핵심 중 하나는 교사가 교실에서 유능해질 수 있도록 학교가 돕는다는 점"이라며 "선생님들은 훌륭한 교육자가 되길 원하는 만큼 그들의 능력을 개선하는 도구를 개발해야 한다"고 주장했다. 교사의 자질, 능력, 열정을 높이는 '선생님 개혁'이 교육의 성패를 좌우한다.

게이츠는 '교사 개혁' 방안과 관련하여 "어떤 교사가 유능한 이유를 파악하고 좋은 교육 방법을 전파하여 교육 평균 수준을 올리는 일에 재단은 초점을 맞춘 것"이라고 강조했다. 또 "가장 훌륭한 교사들의 강의를 온라인에 올려 다른 교사의 본보기로 삼고 학생

교육자료로 활용할 방침"이라고 말했다. 그는 "미국에선 고교 입학생의 71%만 졸업하고, 흑인의 졸업률은 55%에 그쳐 매년 100만 명이 중퇴할 정도로 교육 수준이 보잘것없다"며 "많은 학부모가 교육의 질에 대하여 분개하지 않는 것이 놀라울 정도"라고 했다. 그러면서 2025년까지 80%가 정상적으로 학업을 마치고 대학에 갈 준비를 하도록 돕는 게 재단의 목표라고 말하였다.

게이츠는 "우리 재단은 9년 전부터 고교 교육을 개선하기 위해 20억 달러를 썼으나 우리가 투자한 작은 학교들의 다수는 좋은 교사를 채용하거나 교과 과정을 바꾸는 등의 근본적인 조치를 취하지 않았다"며 '선생님' 개혁이 쉽지 않음을 인정했다. 그러나 낮은 교육적 기대와 낮은 결과를 가진 학교를 높은 기대와 높은 결과를 창출하는 학교로 탈바꿈시킨 결과도 있는 만큼 목표를 높게 잡을 필요가 있다며 '선생님 개혁'을 적극적으로 추진할 뜻을 밝혔다.

인생은 오늘의 연속

나의 학창 시절 안병욱 교수님 에세이 애독생으로서 존경하는 스승님이었습니다. 숭실대 명예 교수님이셨던 안 교수님은 별세하셨지만 삶과 추억, 추모의 정을 잊을 수 없습니다.

일찍이 생활 에세이를 통하여 지혜와 사색, 명상을 설파했던 전 흥사단 이사장(숭실대 명예 교수) 안병욱 교수님은 2013년 향년 93세 작고하셨다.

1920년 평안 남포 용강에서 출생하여 고인은 일본 와세다 대학 문학부 철학과를 졸업하였다. 1959년부터 1985년까지 숭실대 철학과 교수를 역임했다. 이후 흥사단 이사장, 도산 아카데미 고문, 안중근 의사 기념 사업회 등을 두루 역임했다.

오늘을 사랑하여라, "산다는 건 길을 가는 것"이라고 설파했다. 고인은 우리 사회에서 '힐링 메시지의 원조'로 기억하는 이들이 많다. 숱한 에세이와 강연을 통해 삶과 인간에 대한 명상적 메시지를 풀어냈기 때문이다. 가령 '인생'과 오늘을 고인은 이렇게 연결지었다. "오늘을 사랑하여라. 오늘을 감사하여라. 오늘을 열심히 살아라. 생각하자. 인생(人生)은 오늘의 연속이다."

이런 글귀들은 젊은이들의 수첩 한 귀퉁이에 적히기도, 누군가의 좌우명으로 자리 잡기도 했다. 고인이 제시한 삶은 '생즉도(生卽道)'였다. 산다는 것은 길을 가는 것이라 했다. "생즉도다. 나에게 주어진 길을 성심성의를 다하여 열심히 가야 하는 것이 인생의 대원칙이다." 그 길을 가면서 마주치는 '만남'도 강조했다. "인생은 너와 나의 만남이다. 만남이 없이는 인생이 있을 수 없다. 우리는 매일 친구를 만나고 연인을 만나고, 스승을 만나고 동료를 만나고, 또 가족을 만난다." 그런 만남이 모여 삶이 된다고 했다.

독서도 만남의 연장선이었다.

"독서는 인생의 길은 만남이다. 우리는 왜 책을 읽어야 하는가? 인류의 위대한 스승을 만나기 위해서다. 동시대인을 만나면서, 동시에 옛사람들과 만나야 한다." 옛사람들과 만나는 방법은 독서뿐이라고 했다. "옛사람을 만난다는 건 그들의 정신과 만나는 것이요 그들의 시상과 만나는 것이다. 그걸 통하여 나의 자아가 심화된다."

사색과 열정의 삶, 명 에세이 남김.

안 교수님은 책 읽는 기쁨을 '법열(法悅, 참된 이치를 깨칠 때의 기쁨)'이라고 표현했다. 양서(良書)는 우리의 좋은 친구(벗)다. "양서를 펴보아라. 종교의 진리를 말하는 구도자의 음성도 들을 수 있다. 학문의 깊은 이치를 정성스럽게 전해주는 스승도 만날 수 있다. 예술의 황홀한 미를 직감시키는 창조의 거장을 만날 수 있다. 시인의 음성의 음성에도 접할 수 있다. 우리는 만나야 한다. 책 속에서 위대한 스승을 만나야 하고, 위대한 혁명가를 만나야 하고, 사숙(私淑, 직접 가르침을 받지 않았으나 마음으로 본받아서 학문을 닦음)하는 위대한 영웅을 만나야 한다."

삶을 향한 고인의 태도는 사색적이고 열정적이었다. "책을 읽어라, 위대한 음성들이 조용히, 그러나 간절히 우리를 부르고 있다." 그런 나지막함과 간절함이 고인의 에세이에는 늘 깔려 있었다.

고인은 국민훈장 모란장, 제1회 숭실인 상, 제3회 도산인 상, 제8회 유일한 상 등을 수상했다. 유족 부인 김광심 씨와 아들 동명(위스텍 사장), 동일(세계보건기구 아세아태평양지구 대표), 동규(한림대 경영대학원장) 씨, 딸 정남 씨, 사위 강홍빈(서울역사박물관장), 장지는 강원도 양구 군청에서 고인의 뜻을 기리고자 설립한 '시와 철학의 집'이다.

성숙한 노년의 삶을 위하여

의학의 발달과 고령화 시대를 맞이하여 잘 늙어가는 몇 가지를 생각해 보았다, 중국 춘추시대에 저술한 『서경(書經)』에서 지적하여 꼽는 인간의 오 복 중 네 가지는 '잘 늙어가는 기술'과 관련이 깊다. 건강하게 살고 장수하여 주변 사람들에 베풀며 살고 편안하게 삶을 마감하는 것이 복(福)이라고 했다. 백세시대에 접어들며 건강하게 잘 늙어가는 방법에 관심이 높은 때다. 같은 나이라도 활력 넘치는 노년을 보내는 이가 있는 반면에, 항상 아프고 기운 없는 노인이 있다. 노화는 자연스러운 현상이지만 일상생활이 어렵고 힘든 만큼 신체 기능이 떨어지는 노쇠는 노력 이하에 따라 어느 정도 예방할 수 있다. 인생의 후반으로 가는 여정에서 챙겨야 할 잘 성숙하게 늙어가는 6가지 기술을 고찰하여 보겠다.

많이 걸어라. 새 지식을 쌓아라. 누구든지 만나라. 서로의 감정을 나눠라. 아파서 못 걷는 것이 아니라 걷지 않아서 아프다. '나는 걷는다. 고로 나는 생존하다.' 불치의 병은 없다. 불치의 생활 습관이 있을 뿐이다. 주로 그것은 나쁜 식생활 습관이었을 뿐이다.

(1) 눕거나 앉는 시간을 줄여 근육 지키기

노쇠 현상은 근육량 감소와 밀접하다. 근육량이 적어지면 근 골격계가 약해져 움직이기를 꺼리고, 무력감을 느끼게 된다. 생활의 활력을 떨어뜨려 활동량이 감소하는 악순환이 반복된다. 근육량이 적어 몸의 내구력이 떨어지면 감염에 약해지고 회복이 늦어 합병증으로 인한 사망 위험이 커진다. 근육량과 근육 강도를 지키는데 가장 중요한 건 앉아 있거나 누워 있기를 좋아하는 노인성 생활 습관을 버리는 것이다. 일어나서 스트레칭을 하고 걷는 시간을 늘려야 한다. 이규훈 교수(한양대 병원재활의학과)는 "등받이가 있는 의자에서 앉았다 일어나는 운동을 하는 것만으로도 허벅지가 단단해져 걷기가 편해진다."며 "하루에 100번을 할 수 있을 만큼 점진적으로 단계를 높여가면 근력과 균형 감각을 기르는 데 좋다."고 말했다.

(2) 새로운 지식으로 뇌를 자극하기

나이가 들었다고 학습 능력과 창의력이 저하된다는 것은 편견이다. 이동우(상계 백병원 정신건강의학과) 대한노인정신의학회 부이사장은 "노년은 노화로 인해 암기력은 저하될지 몰라도 종합적인 판단력은 높아지는 때이다. 인생 경험으로 다져진 지혜가 뒷받침돼 새로운 내용을 받아들이는 수용 능력이 성숙해져 학습 능력이 결코 뒤지지 않는다."고 말했다.

학습 욕구를 채우는 지적 활동을 활발히 하면 나이와 상관없이 뇌 신경망 연결이 촘촘해진다. 갈릴레이는 자신의 최고 저서인 『새로운 두 과학』을 72세에 저술했다. 바흐, 스트라빈스키, 모네 등 여러 예술가는 노년에도 위대한 창작물을 완성했다.

(3) 밖으로 나가 사람들과 관계 맺기

사회적 유대관계는 노쇠 예방의 또 다른 핵심이다. 노인은 밖으로 나와야 고독으로 인한 우울증을 예방한다. 집에서 혼자 식사하기보다 집 앞 경로당에서 사람들과 함께 먹는 것이 좋다. 평소 음식을 부실하게 먹고 앉아만 있는 노인도 경로당에서는 대화하면 놀고 반찬을 먹으며 끼니를 챙긴다. 김승현(한양대병원 신경과) 대한치매학회 이사장은 "치매 예방이나 관리를 위해 사회 활동을 많이 하라고 강조한다"며 "밖에 나와 사람들을 자주 보고 관계를 형성해야 우울증에 빠지지 않고 뇌가 건강해진다."고 말했다. 이동우 교수는 "서울시의 50플러스센터처럼 중, 장년층이 참여할 수 있는 지역사회 커뮤니티에 가입해 정보를 주고받는 경험을 살려 봉사 단체에 참여하는 것을 권한다."며 "나이 들어가며 겪는 허전함에서도 벗어날 수 있다."고 말했다.

(4) 마음이 변화 이해, 가족과 감정 공유

나이가 들면 청각, 시각, 후각 등의 감각은 떨어지지만 감성은 더 섬세해지고 예민해지는 듯한 기분이 든다. 이동우 교수는 "인생의 후반은 은퇴, 사별, 이별 등 상실을 겪는 과정"이라며 "부정적인 감정이 빠져 우울감이 나타나기 시작한다."고 말했다. 희로애락의 감정은 가감 없이 표현하는 것이 좋다. 특히 다양한 감정 중에서도 분노 슬픔 같은 증상은 속으로만 삭이지 않는 것이 중요하다. 부정적인 감정을 표출하는 것이 서툰 사람일수록 두통, 근육통, 소화불량 같은 증상이 잘 나타난다는 여러 가지 연구 결과가 있다. 이 교수는 "감정을 수용할 수 있는 가장 가까운 사람이 가족이므로 가족에게 자신이 가감 없이 설명하고 감정을 공유하는 것이 좋다"며 "비슷한 상황의 동년배나 동료와 대화를 나누는 것도 도움이 된다"고 말했다.

(5) 피할 수 없는 건 받아들이기

지나친 삶에 대한 집착이 가져오는 마음의 병이 건강염려증이다. 서울대병원 강남센터 정신건강의학과 윤대현 교수는 "건강염려증은 오래 살고 싶은 병"이라며 "자칫 지나치게 생존에만 집착해 병원에 가서 의사를 만나는 것이 일상의 전부인 상황까지 벌어질 수 있다"고 말했다. 나이가 들면 자연스럽게 욕심이 떠나고 마음이 소탈하여질 것 같지만 죽음에 가까워질수록 오히려 삶에 대한 집착이 더 강해지기도 한다. 하지만 죽음 같이 불가피한 변화는 수용하는 자세가 필요하다. 윤 교수는 "우리는 죽음에 대해 생각하거나 이야기하는 것을 부정적으로 여기는 경향이 있지만 언젠가는 죽는다는 삶의 한계를 인정하면 역설적으로 미래에 대한 두려움이 약해지면서 현재의 소중한 가치에 집중할 수 있게 된다"고 말했다.

(6) 보청기, 안경, 의치 적극 사용하기

시력, 청력과 씹는 힘은 일상생활을 유지하는데 중요할 뿐 아니라 인지 기능에 영향을 준다. 노인성 난청이 있거나 백내장 등으로 시력이 좋지 않고 씹는 힘이 약하면 치매 발생 위험이 최대 5배까지 높아진다. 고립감 우울증이 늘어나고 뇌로 전달되는 여러 자극이 줄어들면 인지 기능이 뚝 떨어지기 때문이다. 소리가 잘 안 들리면 남과의 대화가 어려워져 소외되기 쉽다. 치아가 없으면 외모에 자신감이 없어져 위축된다. 또 씹는 힘이 약해져 식사가 어렵고 영양은 부실해진다. 이규훈 교수는 "시력, 청력, 구강 상태를 정기적으로 검사받고 보청기, 돋보기, 틀니, 임플란트 등을 적극 사용하는 것이 필요하다"며 "백내장 같은 질환은 실명을 유발하므로 조기에 수술하는 것이 좋다"고 권고했다.

심오한 사색 풍요한 수확
김재귀 수필집

2022년 12월 10일 초판 인쇄
2022년 12월 15일 초판 발행

지은이 / 김재귀

발행인 / 강병욱
발행처 / 도서출판 교음사
편집 / 수필문학사 편집부

03147 서울 종로구 삼일대로 457 수운회관 1308호
Tel (02) 737-7081, 739-7879(Fax)
e-mail : gyoeum@daum.net
등록 / 제2007-000052호

* 잘못된 책은 바꿔 드립니다. 값 13,000원

ISBN 978-89-7814-880-1 03810